LAROUSSE **junior**

LA SECONDE GUERRE MONDIALE

LAROUSSE

SOLDATS ALLEMANDS *au congrès de Nuremberg, en 1938.*

POURQUOI LA GUERRE ?

« Plus jamais ça ! » s'exclament les peuples d'Europe en 1918. La Première Guerre mondiale a tué dix millions d'hommes et endeuillé des millions de familles. Les survivants souhaitent la paix et refusent d'imaginer que l'Europe puisse un jour revivre une telle catastrophe. Pourtant, en 1939, l'Allemagne nazie déclare une guerre effroyable au monde entier. Pourquoi la civilisation a-t-elle de nouveau sombré dans la barbarie ?

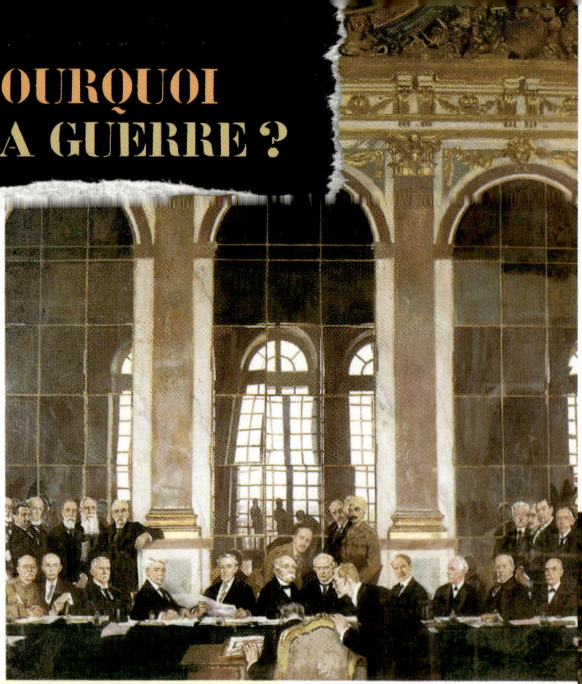

LE TRAITÉ DE VERSAILLES

Les vainqueurs de la guerre de 14-18 (la France, la Grande-Bretagne, les États-Unis et l'Italie) signent le traité de Versailles le 28 juin 1919. Ils amputent l'Allemagne d'une partie de son territoire, lui imposent de lourdes réparations et la déclarent seule responsable de la guerre. Les empires allemand et austro-hongrois sont démantelés et de nouveaux États (la Pologne, la Tchécoslovaquie, la Yougoslavie) sont créés.

Les Alliés signent le traité de paix à Versailles en 1919.

LE "COUP DE POIGNARD DANS LE DOS"

L'empereur allemand Guillaume II est renversé le 9 novembre 1918. La république de Weimar signe l'armistice (le 11 nov.)

et installe la démocratie. Les Allemands refusent d'accepter la défaite. Des groupes d'extrême droite dénoncent le "coup de poignard dans le dos" que les républicains auraient infligé au pays en mettant fin à la guerre. Le traité de Versailles, imposé à l'Allemagne, est vécu comme un Diktat ***injuste et humiliant.***

LA PEUR DU BOLCHEVISME

L'arrivée au pouvoir de Lénine et des bolcheviks en Russie, en 1917, inspire la formation de partis communistes partout en Europe. Les appels à la révolution mondiale inquiètent les milieux bourgeois et les conservateurs. Les grèves ouvrières sont réprimées dans la violence.

Affiche électorale anticommuniste, France, 1919.

Les Chemises noires défilent à Rome.

LE FASCISME AU POUVOIR EN ITALIE

Bien que l'Italie ait gagné la guerre, les Italiens se sentent floués par le traité de paix. Il règne un climat révolutionnaire dès 1918. Paysans et ouvriers occupent les terres et les usines pour réclamer une amélioration de leur sort. En réaction, les grands propriétaires engagent des milices privées pour faire régner l'ordre. Benito Mussolini, ancien socialiste devenu nationaliste, crée les "faisceaux de combat" pour briser les grèves. Ils réunissent des anciens combattants très violents, vêtus de chemises noires, qui terrorisent la population. Mussolini organise une marche sur Rome le 22 octobre 1922 et prend le pouvoir par la force.

"La nouvelle Europe des travailleurs", affiche de propagande fasciste (v. 1930).

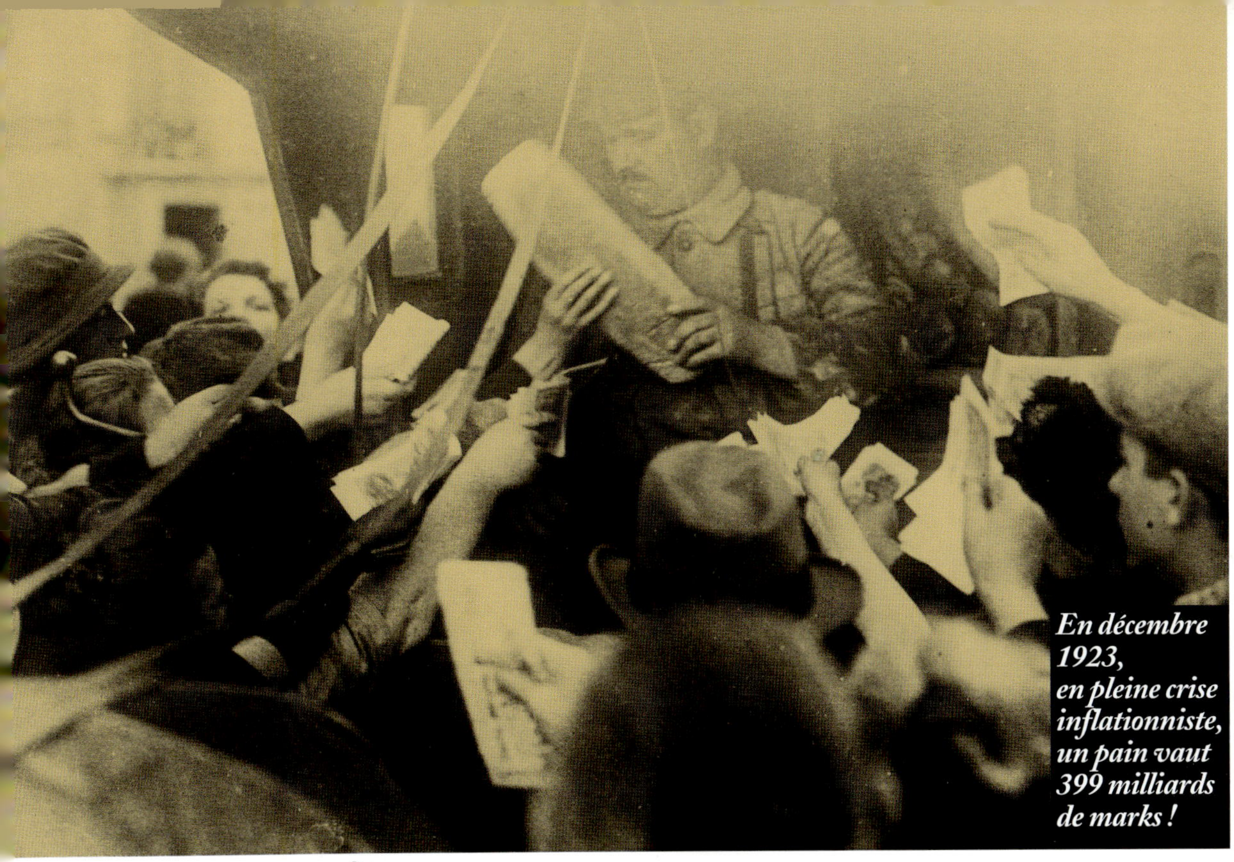

En décembre 1923, en pleine crise inflationniste, un pain vaut 399 milliards de marks !

LA MISÈRE S'ABAT SUR L'ALLEMAGNE

Les sanctions militaires et financières imposées par le traité de Versailles plongent l'Allemagne dans une très grave crise économique. La république de Weimar reste très fragile face aux actions violentes menées dans la rue par les partis d'extrême gauche et d'extrême droite. Lors de la Semaine sanglante (janv. 1919), le gouvernement fait exécuter les chefs communistes (les spartakistes). Comme en Italie, d'anciens combattants forment des milices paramilitaires, les corps francs, et répriment brutalement les grèves ouvrières. La situation devient encore plus dramatique en 1923 lorsque la France envahit la Ruhr et réclame de l'Allemagne qu'elle paie immédiatement les réparations de guerre. Incapable de payer, la république de Weimar s'enfonce dans une crise sans précédent. La monnaie perd de sa valeur d'heure en heure et les Allemands sont obligés d'entasser les billets dans des brouettes pour acheter du pain, de la viande ou du lait.

LE KRACH DE 1929

L'Europe et les États-Unis connaissent à partir de 1924 une période de relative stabilité (les Années folles). Mais la prospérité économique s'interrompt brutalement le 24 octobre 1929, lors du krach de Wall Street. L'Amérique est frappée immédiatement par une crise dramatique. Des millions d'hommes et de femmes

MONDE

Directeur : HENRI BARBUSSE

NUMÉRO SPÉCIAL

BILAN DE LA CRISE MONDIALE

se retrouvent sans travail et sans protection. L'Europe et surtout l'Allemagne sont touchées à leur tour dès 1930. Le chômage de masse aggrave la misère sociale.

UN PARTI POUR ADOLF HITLER

C'est dans le climat de grande violence sociale des années 1920-1923 que Hitler prend la tête du parti national-socialiste. Les sections d'assaut du parti, composées d'anciens militaires ultranationalistes, appellent au renversement de la république et commettent des assassinats politiques. Profitant de la crise de 1923, Hitler tente un putsch à Munich qui échoue.

Rassemblement de section d'assaut.

13 MILLIONS DE VOIX POUR HITLER

La société allemande subit de plein fouet les effets de la crise mondiale. Les faillites se multiplient et des millions d'hommes et de femmes se retrouvent au chômage. Les partis politiques de la république de Weimar n'ont aucun remède à proposer. La gauche est paralysée par le refus des communistes de s'allier avec les socialistes. Hitler profite de ce contexte pour relancer le parti nazi. Il recrute ses électeurs dans les catégories les plus touchées par la crise (paysans et petits bourgeois). Aux actions violentes des SA dans les rues s'ajoutent bientôt les victoires électorales dans les urnes. Hitler perd les élections présidentielles de 1932 mais obtient 13 millions de voix. La bourgeoisie conservatrice se résout à l'appeler au pouvoir le 30 janvier 1933.

"Notre dernier espoir : Hitler", affiche électorale du parti nazi. Face à la crise, Hitler se présente aux chômeurs comme l'homme providentiel.

> **“** Le fascisme repousse le pacifisme qui cache une renonciation à la lutte et une lâcheté, en face du sacrifice. Seule la guerre porte au maximum de tension toutes les énergies humaines et imprime un sceau de noblesse aux peuples qui ont le courage de l'affronter. Une doctrine qui part du postulat préalable de la paix est étrangère au fascisme. **”**
>
> *B. Mussolini,* La dottrina del fascismo, *1930.*

NAZIS ET FASCISTES VEULENT LA GUERRE

Bien que l'Allemagne et l'Italie soient en désaccord à propos de l'Autriche, les Chemises brunes d'Hitler et les Chemises noires de Mussolini ne tardent pas à faire alliance. Nazis et fascistes sont unis par leur commune haine de la démocratie et du communisme. Tous deux n'ont qu'un seul objectif, la guerre.

Hitler et Mussolini se rencontrent en 1934.

UN LÂCHE SOULAGEMENT
Cette affiche du journal d'extrême droite Je suis partout *illustre l'existence d'un fort courant pacifiste d'inspiration nationaliste et raciste en France dans les années 1930. Anti-communiste, la droite préfère la victoire du nazisme à la guerre. Les accords de Munich (sept. 1938) sont accueillis avec un "lâche soulagement".*

RÉPÉTITION GÉNÉRALE EN ESPAGNE

Guernica, *tableau de* ***Picasso, peint en 1937 pour dénoncer les raids sur une population civile.***

Après la victoire du Frente Popular (fév. 1936), le général Franco organise un coup d'Etat (17 juil. 1936) et provoque une guerre civile où s'affrontent républicains et nationalistes. Hitler et Mussolini fournissent une aide militaire très importante à Franco, tandis que les démocraties, hésitantes, proclament une illusoire doctrine de "non intervention". L'URSS encourage l'envoi de Brigades internationales pour venir en aide aux républicains. La victoire des nationalistes (avr. 1939) consacre le triomphe des idéologies totalitaires et annonce les horreurs de la guerre.

L'AVEUGLEMENT PACIFISTE
Cette affiche éditée par le Centre d'action contre la guerre

montre que la gauche pacifiste refuse de soutenir une politique de réarmement, pourtant nécessaire au refoulement des offensives nazies.

La joie et la fierté retrouvée des métallurgistes en grève en juin 1936.

L'ÉPHÉMÈRE ESPOIR DU FRONT POPULAIRE

En France, la victoire de la gauche en avril 1936 est suivie d'un grand mouvement d'enthousiasme de la part des ouvriers et des salariés. Le gouvernement de Blum fait voter la semaine de 40 heures et deux semaines de congés payés. La guerre d'Espagne vient cependant rappeler la menace de conflit.

SOLDATS AMÉRICAINS *débarquant en Normandie, le 6 juin 1944.*

LE FILM DE LA GUERRE

Arrivé au pouvoir en 1933, Hitler déclenche la guerre en 1939. Pendant six années, l'Europe vit sous la botte allemande, tandis que le Japon domine l'Asie. Bousculées, les démocraties s'allient avec l'URSS pour venir à bout des dictatures. Quels événements ont rythmé la plus meurtrière des guerres de l'histoire ?

1933

Le président Hindenburg félicite Hitler chancelier.

30 JANVIER
HITLER EST NOMMÉ CHANCELIER

Battu à l'élection présidentielle d'avril 1932 (le vieux maréchal Hindenburg obtient 19 millions de voix contre 13 millions à Hitler), le chef nazi parvient néanmoins à faire de son parti le premier d'Allemagne aux législatives de juillet 1932. Plus du tiers des électeurs soutiennent le nazisme dans un contexte de grave crise économique. Hitler choisit alors de se rapprocher des milieux d'affaires et des grands groupes industriels (Krupp, Thyssen), effrayés par la progression des communistes et qui veulent utiliser le parti nazi comme un rempart contre la gauche. Von Papen, homme politique conservateur, rencontre Hitler en janvier 33 et lui propose de former un gouvernement. Le 30 janvier, Hindenburg nomme Hitler chancelier. Les nazis arrivent légalement au pouvoir grâce à la droite.

Le Reichstag en flammes, coup d'envoi de la dictature.

27 FÉVRIER
LE PARLEMENT EST INCENDIÉ

Hitler fait incendier le Reichstag (le Parlement allemand) le 27 février et accuse les communistes d'en être responsables. Ce coup monté donne un prétexte aux nazis pour interdire le KPD (le parti communiste) et faire arrêter 4 000 militants de gauche. Les libertés individuelles sont supprimées et les opposants sont envoyés à Dachau, premier camp de concentration nazi, ouvert en mars 1933.

23 MARS
HITLER A LES PLEINS POUVOIRS

Les élections de mars 1933 se déroulent dans un climat de terreur. N'obtenant pas la majorité absolue, les nazis renvoient les députés communistes. Le 23 mars, la Chambre vote par 441 voix les pleins pouvoirs à Hitler. La dictature légale est instaurée.

Affiche appelant au réarmement allemand, 1933.

14 OCTOBRE
L'ALLEMAGNE QUITTE LA SDN

L'admission de l'Allemagne à la Société des Nations (SDN) en 1926 avait symbolisé un début de réconciliation entre les anciens ennemis de 14-18. Les nazis rejettent cette politique de coopération internationale. Ils pensent que seule la guerre permettra à l'Allemagne de conquérir un "espace vital". En pleine conférence internationale sur le désarmement, le 14 octobre, Hitler décide de retirer son pays de la SDN. L'Allemagne ne se soumettra plus à aucun arbitrage et se réarmera comme bon lui semble.

1934

30 JUIN
LA "NUIT DES LONGS COUTEAUX"

Les SA, très anticapitalistes, contestent le pouvoir hitlérien. Afin de rassurer les conservateurs et de liquider ses derniers opposants, Hitler fait exécuter des dizaines de SA et leur chef Roehm (à droite) dans la nuit du 30 juin. Les SS de Himmler, à l'origine du massacre, instaurent un État policier.

2 AOÛT
MORT D'HINDENBURG, HITLER PLÉBISCITÉ

Le président Hindenburg meurt le 2 août 1934. Hitler cumule alors les fonctions de chancelier et de chef de l'État. Après avoir éliminé tous ses opposants et fait du NSDAP le parti unique, il devient le Führer du Reich.
Un plébiscite est organisé le 19 août : les Allemands approuvent à 90 % la concentration par Hitler de tous les pouvoirs.
Les électeurs n'ont pas vraiment le choix puisque, comme on le voit sur la photo, des policiers encadrent la foule et indiquent le seul vote possible, le *Ja* ("Oui").
La dictature nazie est totale, et plus personne ne peut critiquer le régime sans risquer la mort ou l'emprisonnement. Les SS, la Gestapo et les camps de concentration sont les piliers d'un régime totalitaire dont les Juifs, les communistes et les intellectuels sont exclus dès 1933.

À Berlin, des nazis portent des pancartes incitant les électeurs à voter "Oui" au plébiscite organisé en faveur de Hitler le 19 août 1934.

LE NAZISME
le racisme, la violence et la guerre

"MEIN KAMPF" : UN PROGRAMME RACISTE

Le nazisme (national-socialisme) naît au début des années 1920. Autour d'Adolf Hitler, caporal d'origine autrichienne, se réunissent des hommes d'extrême droite qui refusent la défaite allemande de 1918. Ils détestent la république de Weimar et les valeurs démocratiques. Hitler et les membres de son parti, le NSDAP, tentent un coup d'État à Munich en 1923. Le putsch échoue et Hitler est emprisonné. C'est en prison que Hitler rédige *Mein Kampf* ("Mon combat") en 1924-1925. Ce livre contient les grandes lignes de l'idéologie nazie : antisémitisme radical, nationalisme extrême, haine de la démocratie et du socialisme, culte de la violence et de la nature. La crise économique de 1929 met des millions d'Allemands au chômage. Les partis politiques de la république de Weimar, incapables de résoudre la crise, déçoivent. Les nazis en profitent et gagnent les élections de 1933. Le nazisme arrive au pouvoir légalement. La république de Weimar est remplacée par le IIIe Reich (1933-1945).

Mein Kampf, *le livre dans lequel Hitler expose son racisme et sa haine des Juifs.*

LE CULTE DU CHEF

Nommé chancelier en 1933, Hitler est le chef des nazis. En usant de la violence et de son pouvoir de fascination sur le peuple, il règne en maître incontesté sur l'Allemagne nazie. Un véritable culte lui est consacré. Le peuple allemand (le Volk*) s'en remet aux volontés de son chef (le* Führer*). La foule est comme ensorcelée par ses discours. Sa voix agressive est retransmise à la radio. Hitler décide de tout et peut compter sur le soutien inconditionnel de ses fidèles.*

L'OBSESSION DE LA RACE

Les nazis sont obsédés par l'idée de la supériorité de la race aryenne (blanche) sur les autres races, jugées "inférieures". Hitler hait les Juifs au point de vouloir les exterminer. Dès les années 1930, les Juifs sont mis à l'écart de la société et attaqués physiquement (la Nuit de Cristal). Les nazis s'en prennent aussi à tous ceux qui refusent leur idéologie. Les opposants politiques (socialistes, communistes) sont enfermés dans des camps (Dachau). Les homosexuels, les handicapés mentaux, les marginaux sont accusés de nuire à la pureté raciale du peuple allemand.

"Allemand, pour toi !", affiche nazie. La croix gammée est le symbole des nazis dès les années 1920.

L'EMBRIGADEMENT DE LA SOCIÉTÉ ALLEMANDE PAR LE PARTI NAZI

Toute la société allemande est obligée de se soumettre. La croix gammée (svastika) est affichée dans tous les lieux. Les hommes, les femmes et les enfants doivent lever le bras droit pour saluer les dirigeants (salut nazi).
La présence aux grands rassemblements est exigée.
Le parti nazi est le parti unique.
Des millions d'Allemands y adhèrent.
Tous les autres partis politiques sont interdits. La société est contrôlée par les SA (sections d'assaut en chemises brunes), les SS (police militarisée du parti) et la Gestapo (police secrète d'État). L'État est aux mains de fonctionnaires nazis.
Les enfants sont envoyés dans les Jeunesses hitlériennes. Ils y apprennent l'idéologie raciste nazie. Dès leur plus jeune âge, ils sont forcés de participer au culte de Hitler.

La jeunesse hitlérienne est mobilisée pour célébrer le régime lors du congrès de Nuremberg de 1938.

LA FOLIE GUERRIÈRE

Raciste, le nazisme est tout entier tourné vers la guerre. Hitler veut prendre une revanche sur la défaite de 1918. Selon lui, le peuple allemand est menacé de tous les côtés. Il doit conquérir un "espace vital" (Lebensraum) ***en plein cœur de l'Europe, et refouler ou exterminer les populations non aryennes (Juifs, Polonais, Slaves). Dès 1933, les nazis préparent l'Allemagne à la guerre contre l'Europe. Le ministre de l'Économie, Goering, s'occupe de la préparation militaire du pays. Pour les nazis, seule la guerre peut donner l'occasion aux Allemands de démontrer leur supériorité sur le reste de l'Europe et du monde.***

1937

Guernica après les raids nazis. C'est la première fois qu'une ville est entièrement détruite.

26 AVRIL

BOMBARDEMENTS DE LA VILLE DE GUERNICA

Hitler et Mussolini soutiennent Franco militairement et financièrement. Les avions allemands de la légion Condor rasent complètement la ville basque de Guernica le 26 avril 1937. Plus de 2 000 civils sont tués en une seule journée et des milliers d'autres sont blessés. L'Europe entière apprend avec horreur le martyre de la ville espagnole. Guernica devient le symbole de la barbarie nazie. L'emploi massif des technologies modernes contre les civils préfigure ce que sera la Seconde Guerre mondiale.

JUILLET

LES JAPONAIS ENVAHISSENT LA CHINE

Allié de l'Allemagne, le Japon part à la conquête de l'Asie. En juillet 1937, les militaires japonais envahissent la Chine. Ils battent les troupes nationalistes de Tchang Kaï-chek et prennent Pékin.

DÉCEMBRE

MASSACRES DE NANKIN

À Nankin, au sud de Pékin, les Japonais torturent et massacrent sauvagement des dizaines de milliers de civils chinois. Les nationalistes se replient et Mao, le chef des communistes, entame une "longue marche" à travers les montagnes.

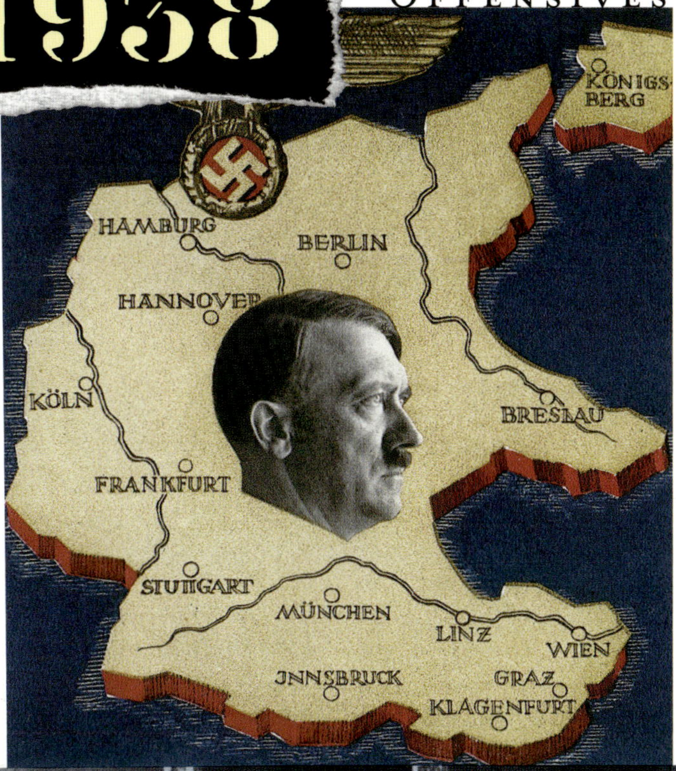

Sur cette carte nazie, l'Autriche n'est qu'une province du Reich allemand.

13 MARS

L'ALLEMAGNE ANNEXE L'AUTRICHE

Hitler souhaite dès 1933 l'annexion de l'Autriche (l'Anschluss). Ce pays de langue allemande est supposé appartenir à l'"espace vital" de la race aryenne. Une première tentative avait échoué en 1934 à cause de l'opposition de l'Italie. La création de l'axe Rome-Berlin en 1936 lève ce dernier obstacle. Hitler peut compter sur le soutien du parti nazi autrichien de Seyss-Inquart. En mars 1938, les troupes allemandes se massent le long de la frontière tandis que Goering fait pression sur le gouvernement du chancelier Schuschnigg pour qu'il démissionne. Les nazis autrichiens accèdent au pouvoir et demandent aux Allemands de les aider. Le 13 mars, Hitler proclame l'annexion de l'Autriche, rattachée au IIIe Reich comme une simple province.

Chamberlain, Daladier, Hitler et Mussolini lors de la conférence de Munich.

30 SEPTEMBRE

LA CONFÉRENCE DE MUNICH

En septembre, Hitler revendique l'annexion des Sudètes, une région de culture allemande appartenant à la Tchécoslovaquie. Pour éviter un conflit armé, Mussolini prend l'initiative de réunir Hitler, Daladier (France) et Chamberlain (Grande-Bretagne) à Munich. Les dirigeants français et anglais cèdent aux exigences allemandes et abandonnent la Tchécoslovaquie. Le Reich s'agrandit à nouveau sans rencontrer de résistance.

Incendie de la synagogue de Bielefeld, en Rhénanie, le 10 novembre 1938.

9-10 NOVEMBRE

LA NUIT DE CRISTAL

En Allemagne, la persécution des Juifs prend un tour extrêmement violent dans la nuit du 9 au 10 novembre 1938. Saisissant le prétexte de l'assassinat à Paris d'un dignitaire nazi par un Juif de 17 ans, Hitler demande à Goebbels et Heydrich d'organiser la destruction systématique des magasins et des lieux de culte juifs. Un déchaînement de violence a lieu en même temps dans tout le pays. 7 000 boutiques sont détruites, 91 Juifs sont tués et 20 000 autres sont arrêtés. Les débris de toutes les vitrines cassées qui jonchent le sol donnent à l'événement le nom de "Nuit de cristal". Plus aucun Juif n'est en sécurité en Allemagne.

1939

C'EST LA GUERRE

Photo-montage de Hitler en chevalier faisant semblant de protéger la Pologne.

15 MARS
LES TROUPES ALLEMANDES OCCUPENT LA TCHÉCOSLOVAQUIE

Après les Sudètes, Hitler annexe le reste de la Tchécoslovaquie le 15 mars 1939. Le Premier ministre britannique, Chamberlain, comprend enfin que "Hitler n'est pas un gentleman".

28 MARS
FRANCO À MADRID

Franco prend Madrid et gagne la guerre d'Espagne le 1er avril 1939. Des milliers de républicains se réfugient en France où ils sont internés dans des camps.

AVRIL
MUSSOLINI ENVAHIT L'ALBANIE

Mussolini profite de ce contexte pour envahir soudainement l'Albanie. Le 28 mai, l'Italie signe avec l'Allemagne le pacte d'Acier, une alliance offensive dirigée contre les démocraties.

Caricature du pacte germano-soviétique : Hitler et Staline en route pour se partager la Pologne.

23 AOÛT
PACTE GERMANO-SOVIÉTIQUE

L'URSS a choisi depuis 1934 de combattre le fascisme. Staline se méfie cependant de la France et de l'Angleterre. Il les soupçonne de vouloir sacrifier l'est de l'Europe aux désirs nazis d'expansion. Le 23 août, l'annonce de la signature d'un pacte de non-agression entre l'Allemagne et l'URSS stupéfie le monde entier. Hitler a désormais les coudées franches pour préparer la guerre en Europe de l'Ouest. Un protocole secret prévoit de plus l'invasion de la Finlande et des pays Baltes par l'URSS, et le partage de la Pologne entre nazis et Soviétiques...

1ER SEPTEMBRE
LA WEHRMACHT ENVAHIT LA POLOGNE

Après s'être assuré du soutien de l'URSS, Hitler peut se lancer à la conquête de la Pologne. Le 1er septembre, les soldats de la Wehrmacht envahissent le territoire polonais. L'armée polonaise tente de résister à la puissance de la "guerre-éclair" menée par les nazis. Au bout de trois semaines, la Pologne est définitivement vaincue et occupée.

Colonne de fantassins allemands dans les ruines d'une ville de Pologne.

Les Parisiens apprennent la déclaration de guerre à l'Allemagne.

3 SEPTEMBRE

L'ANGLETERRE ET LA FRANCE DÉCLARENT LA GUERRE : C'EST LA "DRÔLE DE GUERRE"

La France et l'Angleterre ne peuvent plus assister passivement aux agressions nazies. Les deux pays déclarent la guerre à l'Allemagne le 3 septembre : c'est le début de la Seconde Guerre mondiale. Les Français attendent l'attaque allemande repliés derrière la ligne Maginot. Cette "drôle de guerre", sans combat, dure de septembre 1939 à mai 1940.

Des officiers allemands et soviétiques penchés autour d'une carte de la Pologne.

28 SEPTEMBRE

LES NAZIS ET L'URSS SE PARTAGENT LA POLOGNE

Les Soviétiques ont envahi à leur tour la Pologne le 17 septembre. Staline et Hitler signent le 28 septembre un nouveau pacte d'amitié qui précise les conditions de partage du pays vaincu. Les Allemands annexent au Reich les provinces les plus à l'ouest et s'efforcent de faire disparaître tous les signes de l'identité polonaise. Un gouvernement général est créé dans la région de Varsovie, placé sous la direction de Hans Frank. Les SS et les Einsatzgruppen brûlent les villages et exécutent des milliers de Juifs polonais. À l'est, l'occupation soviétique est à peine moins brutale. Les intellectuels et les officiers polonais sont pourchassés.

Les soldats finlandais se déplacent à skis lors de la "guerre d'hiver".

4 NOVEMBRE

LES ÉTATS-UNIS RESTENT NEUTRES

Le président Roosevelt proclame la neutralité de son pays. Mais une nouvelle loi *(Cash and Carry)* permet à la France et à l'Angleterre d'acheter du matériel de guerre aux Américains.

30 NOVEMBRE

L'ARMÉE ROUGE EN FINLANDE

Prévue par le pacte germano-soviétique, l'invasion de la Finlande par l'URSS débute le 30 novembre. Malgré une farouche défense, les Finlandais sont vaincus en mars 1940.

Le débarquement franco-anglo-polonais de Narvik a pour but d'empêcher le ravitaillement en fer de l'Allemagne. Mais, le 10 juin, les troupes alliées se replient.

9 AVRIL

L'ALLEMAGNE ENVAHIT LE DANEMARK ET LA NORVÈGE

Les Allemands ont besoin du minerai de fer suédois pour leur effort de guerre. Les Alliés décident de "couper la route du fer" en occupant le port norvégien de Narvik. Hitler les devance et lance le 9 avril une vaste offensive sur la Norvège et le Danemark. Les avions et la marine nazis prennent de vitesse l'armée norvégienne. Français et Anglais parviennent à reprendre Narvik mais sont obligés d'abandonner la campagne de Norvège lorsque la Wehrmacht attaque à l'Ouest. Les troupes norvégiennes capitulent le 3 mai. Les nazis occupent le pays et le roi part à Londres.

La ligne Maginot protégeait la Lorraine et l'Alsace, mais pas la frontière belge où sont passés les chars allemands.

10 MAI

LES ALLEMANDS PASSENT PAR L'OUEST

Pendant tout l'hiver, les soldats français attendent l'offensive allemande à l'est, derrière la ligne Maginot. Cette ligne de fortifications construite pendant l'entre-deux-guerres est censée protéger le territoire. La "drôle de guerre" s'éternise et personne ne sait quand les nazis vont attaquer. Le 10 mai, la Wehrmacht envahit la Belgique et les Pays-Bas, deux pays neutres. Le plan du général von Manstein consiste à attirer les Français et les Britanniques vers le nord-est avant de les attaquer par surprise à l'ouest, par les Ardennes, à la frontière belge. Ce guet-apens fonctionne comme prévu. Les Pays-Bas sont écrasés en cinq jours et la 7e armée du général Giraud se retrouve immobilisée très loin du front français.

Sedan en ruine après la terrible offensive allemande dans les Ardennes.

MAI-JUIN

BLITZKRIEG DANS LES ARDENNES

Alors que les Alliés se portent au secours des Belges, les nazis lancent une grande offensive à travers les Ardennes, région réputée infranchissable. Le 13 mai, les chars allemands (les fameux panzers du général Guderian) atteignent la Meuse. Les soldats français résistent vaillamment mais sont terrorisés par les raids destructeurs et assourdissants des stukas. Le général Gamelin, commandant en chef des forces françaises, ne peut que constater l'échec de la stratégie défensive.

Winston Churchill prononce son fameux discours.

13 MAI
DISCOURS DE CHURCHILL

Churchill remplace Chamberlain comme Premier ministre de Grande-Bretagne le 10 mai. Il doit faire face le même jour à l'offensive allemande. Il pressent que la guerre sera longue. Dans un discours devenu célèbre, il déclare aux Britanniques qu'il n'a rien d'autre à leur promettre que "du sang, de la sueur et des larmes".

Des Français prenant la route de l'exode sous le regard d'un motard allemand.

28 MAI - 3 JUIN
ÉVACUATION DE DUNKERQUE

Le 20 mai, le général Weygand remplace le général Gamelin au poste de commandant en chef des troupes françaises. Les Allemands se ruent vers la Manche pour couper en deux les armées alliées. Pris au piège dans la poche de Dunkerque, plus de 300 000 soldats alliés sont évacués par bateau vers l'Angleterre, sous les bombardements allemands.

5 - 10 JUIN
LA BATAILLE DE FRANCE ET L'EXODE

La Wehrmacht, débarrassée de l'armée anglaise, n'a plus qu'à marcher vers Paris. Une nouvelle offensive est lancée le 5 juin contre la très fragile "ligne Weygand" (dans la Somme). Les soldats français résistent comme ils peuvent. On dénombre 90 000 morts en six semaines de combat. La campagne de France s'achève en débâcle. Les populations civiles des régions envahies prennent la fuite : c'est l'exode. Des familles entières partent à pied dans une atmosphère de panique, laissant derrière elles tout ce qu'elles possèdent. Des soldats qui fuient pour ne pas être faits prisonniers se mêlent aux civils. La rapidité de la victoire dépasse les prévisions les plus optimistes des nazis.

Piètre stratège, Mussolini aime se donner l'apparence d'un chef de guerre.

10 JUIN
L'ITALIE DÉCLARE LA GUERRE À LA GRANDE-BRETAGNE ET À LA FRANCE

Mussolini attend le dernier moment pour déclarer la guerre à la France et à l'Angleterre. Ce n'est qu'une fois sûr de la victoire allemande qu'il lance ses troupes à l'assaut du sud-est de la France. La participation militaire de l'Italie à la campagne de France n'a été d'aucune aide pour les nazis.

14 JUIN

LES TROUPES ALLEMANDES DÉFILENT À PARIS

Face à la rapidité de la percée allemande, le gouvernement français quitte Paris pour Bordeaux le 10 juin. Quatre jours plus tard, les troupes de la Wehrmacht entrent dans la capitale et défilent sur les Champs-Élysées. Paris est déclarée ville ouverte.

17 JUIN

PÉTAIN DÉCIDE DE « CESSER LE COMBAT »

Le 17 juin, le maréchal Pétain est nommé président du Conseil en remplacement de Paul Reynaud. Il appelle aussitôt les Français à cesser le combat.

Le général de Gaulle lance son vibrant appel à la résistance le 18 juin sur les ondes de la BBC.

18 JUIN

DE GAULLE APPELLE À LA RÉSISTANCE

Le général de Gaulle, sous-secrétaire d'État à la Défense nationale dans le cabinet Reynaud, refuse la capitulation. La nomination de Pétain, qu'il rend responsable des choix défensifs qui ont fait perdre la France, le convainc de partir pour Londres. Le 18 juin, il s'adresse aux Français sur les ondes de la BBC et les appelle à poursuivre le combat : “La flamme de la résistance française ne doit pas s'éteindre et ne s'éteindra pas.” Reconnu chef de la France libre par Churchill le 28 juin, de Gaulle est rejoint par une poignée d'hommes persuadés que la “guerre mondiale” ne fait que commencer.

Les nazis prennent leur revanche sur “l'affront de 1918”, devant le wagon de Rethondes.

22 JUIN

L'ARMISTICE EST SIGNÉ À RETHONDES

Les Allemands exigent que l'armistice soit signé dans le wagon de Rethondes, à l'endroit même où l'Allemagne avait dû reconnaître sa défaite en 1918. Le texte signé le 22 juin prévoit l'occupation des trois cinquièmes du territoire français par les nazis. La ligne de démarcation coupe la France en deux et sépare la zone occupée de la zone libre. Environ 1 600 000 soldats français sont faits prisonniers et emmenés en Allemagne.

Les avions anglais bombardent la flotte française à Mers el-Kébir.

3 JUILLET

DESTRUCTION DE LA FLOTTE FRANÇAISE À MERS EL-KÉBIR

Churchill a peur que l'Allemagne ne s'empare du matériel de guerre français. Il ordonne la destruction de la flotte française à Mers el-Kébir (Algérie). La rupture entre la France et l'Angleterre est désormais complète.

Le peuple suivant son chef, couverture de la partition de Maréchal, nous voilà !, *hymne à la gloire du maréchal Pétain.*

10 JUILLET

LE PARLEMENT FRANÇAIS DONNE LES PLEINS POUVOIRS À PÉTAIN

Le gouvernement Pétain s'installe en zone Sud, à Vichy. Il convoque tous les députés et sénateurs pour changer la Constitution. Pierre Laval, bras droit de Pétain, multiplie les menaces. Le 10 juillet, 569 parlementaires accordent les pleins pouvoirs à Pétain (seuls 80 les refusent). La IIIe République s'est suicidée.

JUILLET - NOVEMBRE

LES COLONIES FRANÇAISES SE RALLIENT À LA FRANCE LIBRE

Les Forces françaises libres (FFL) de de Gaulle se renforcent grâce au ralliement de l'Empire. Les soldats coloniaux défendent la France libre.

Soldats italiens s'exerçant sur le front libyen avant d'attaquer l'Égypte.

14 JUILLET

MUSSOLINI ENVOIE SES TROUPES EN AFRIQUE DU NORD

Mussolini veut ouvrir un front en Méditerranée. Il dispose ses troupes en Libye, territoire sous contrôle italien. Le 17 septembre, ses soldats envahissent l'Égypte : c'est le début de la guerre du désert.

Un bombardier allemand Heinkel survolant les côtes anglaises.

15 AOÛT
LA BATAILLE D'ANGLETERRE

L'Angleterre se retrouve seule dans sa lutte contre l'Allemagne. Hitler pense pouvoir envahir le territoire britannique en septembre. Avant de débarquer, la Wehrmacht doit cependant prendre le contrôle du ciel. La Luftwaffe, dirigée par Goering, commence à pilonner les bases aériennes et les usines anglaises à la mi-août. La Royal Air Force, presque intacte après la bataille de France, riposte énergiquement aux attaques nazies. Grâce à une invention nouvelle, le radar, et à leurs chasseurs modernes, les Spitfire, les Anglais détruisent un grand nombre d'avions ennemis. Le 25 août, en réponse à une première offensive nazie sur Londres, la RAF bombarde Berlin. Hitler comprend qu'il ne pourra pas venir à bout de la supériorité anglaise dans les airs.

7 SEPTEMBRE
BLITZ SUR LONDRES

Face à la résistance de la RAF, Hitler décide d'adopter une nouvelle stratégie. Il ordonne à la Luftwaffe de bombarder les villes anglaises afin d'affaiblir le moral des civils et de les terroriser. Londres est attaquée nuit et jour par 200 avions nazis du 7 septembre jusqu'à la mi-novembre. Coventry, Bristol et Brighton sont également visées. Le Blitz provoque au total la mort de 43 000 Anglais. L'efficacité des défenses antiaériennes et la résistance des civils permettent finalement à l'Angleterre de sortir vainqueur de cette terrible épreuve.

SEPTEMBRE - OCTOBRE
LA BATAILLE DE L'ATLANTIQUE

L'échec du Blitz incite les Allemands à porter le combat sur mer. Le contrôle du littoral atlantique donne à la marine allemande (la *Kriegsmarine*) un avantage considérable. Des bases fortifiées sont construites à Brest et Lorient. Les sous-marins allemands, les U-Boote, livrent une guerre sans merci contre les convois anglo-américains. L'Angleterre vit sous la menace d'un blocus.

Hitler fait construire la ligne de fortifications du mur de l'Atlantique à partir de 1942.

Hitler l'anthropophage dévore l'Europe, affiche de propagande anglaise.

27 SEPTEMBRE

LE JAPON REJOINT L'ALLEMAGNE ET L'ITALIE

Un an après l'invasion de la Pologne, l'Allemagne règne sur l'Europe continentale. La France, la Belgique, les Pays-Bas et la Pologne sont occupés. La Bulgarie, la Hongrie et la Roumanie soutiennent les puissances de l'Axe. Le 27 septembre, Hitler et Mussolini signent avec les Japonais un pacte tripartite. Les trois pays s'engagent à se porter assistance au cas où l'un d'entre eux serait agressé par les États-Unis. Allemands et Italiens dominent "l'Europe nouvelle" tandis que le Japon construit autour de lui une "sphère de coprospérité asiatique".

La célèbre poignée de mains entre Pétain et Hitler à Montoire.

24 OCTOBRE

PÉTAIN COLLABORE AVEC HITLER

Vichy cherche à obtenir un allègement des conditions d'occupation fixées par l'armistice. Pétain et Laval font le choix de la collaboration. Hitler, de retour d'une entrevue avec Franco à Hendaye, accepte de rencontrer Pétain à Montoire le 24 octobre. Le maréchal assure le Führer du soutien de la France et de l'Afrique du Nord. Il annonce le 30 octobre aux Français qu'il a choisi "d'entrer dans la voie de la collaboration". En réalité, Hitler n'attend rien de son aide et n'a pas l'intention de faire des concessions. La collaboration, voulue par Vichy, est une défaite morale et un fiasco politique.

Bombardiers italiens lâchant leurs obus au-dessus des montagnes grecques.

28 OCTOBRE

LES TROUPES ITALIENNES EN GRÈCE

Pendant ce temps, Mussolini poursuit ses opérations en Méditerranée. Le 28 octobre, il lance un ultimatum à la Grèce. Le gouvernement grec refuse de céder au chantage du Duce et, comme prévu, les troupes italiennes pénètrent en Grèce à partir de l'Albanie. Les Grecs, aidés par les Anglais, se battent courageusement et repoussent les Italiens au-delà de leur ligne de départ. Mussolini échoue encore une fois à remporter une victoire militaire. Hitler est obligé de venir à sa rescousse au printemps 1941.

LA GUERRE DU CIEL
les avions et les bombes

LES AVIONS NAZIS SÈMENT LA PANIQUE SUR L'EUROPE

L'invasion de la Pologne (sept. 1939) puis la bataille de France (mai-juin 1940) révèlent la supériorité de l'armée allemande. Les stukas, avions de chasse allemands, soutiennent la progression des chars. Ils attaquent en piqué, à très basse altitude, les lignes ennemies.

Ils prennent même pour cibles les civils. Soldats et civils paniquent à l'arrivée de ces "machines volantes". La vitesse foudroyante des avions et les rafales de mitraillettes font partie du mythe de la "guerre-éclair".

Les attaques des stukas allemands terrorisent les civils et les militaires français.

UNE NOUVELLE ARME DE DESTRUCTION

L'aviation militaire n'était apparue qu'à la fin de la Première Guerre mondiale, en 1918. À l'époque, son potentiel de destruction avait été seulement entraperçu. Ce sont les militaires allemands qui ont le plus tôt compris l'utilité de l'aviation dans la guerre moderne. Le bombardement de la ville basque de Guernica par l'aviation allemande lors de la guerre d'Espagne (le 26 avril 1937) fait prendre conscience au monde entier de l'horreur de cette nouvelle arme : 2 000 civils sont tués en quelques heures.

LA RÉSISTANCE HÉROÏQUE DES VILLES ANGLAISES

La bataille d'Angleterre, à l'été 1940, prouve pourtant que la "guerre-éclair" peut échouer. Les avions allemands effectuent les premiers bombardements massifs de la guerre. Volant à haute altitude, ils déversent un déluge de bombes sur les grandes villes anglaises (Londres, Coventry), tuant des milliers de civils. Le courage des Anglais et la qualité de leur propre aviation (la Royal Air Force) stoppent l'offensive nazie. Le 7 décembre 1941, l'aviation japonaise bombardera la base navale américaine de Pearl Harbor et détruira une grande partie des navires de guerre américains.

L'AVIATION AU SECOURS DES ALLIÉS

Les Alliés, surpris dans un premier temps par cette nouvelle "guerre du ciel", ne tardent pas à réagir. L'Angleterre, les États-Unis et l'URSS se lancent dans un immense effort de guerre.
Les ingénieurs conçoivent des avions de plus en plus sophistiqués. Les usines de fabrication tournent à plein régime. L'aviation est utilisée seule ou, comme dans la guerre du Pacifique, en combinaison avec les armées de terre (parachutages) et les forces navales (porte-avions). Les Anglais bombardent de nuit les villes allemandes. L'US Air Force préfère bombarder de jour avec d'immenses "forteresses volantes", les B-17. Des villes allemandes et japonaises (Dresde, Tokyo) sont quasiment rayées de la carte en 1944 et 1945. Dès 1943, les Alliés produisent 150 000 avions de haute qualité, contre seulement 43 000 pour l'Allemagne et le Japon réunis. Lors du débarquement du 6 juin 1944, les 12 000 avions alliés viennent rapidement à bout des 500 avions allemands qui leur font face.
Dépassées, les puissances de l'Axe n'ont plus que des solutions désespérées à opposer à leurs ennemis. Les jeunes pilotes japonais, les kamikazes, sacrifient leur vie en jetant leurs avions sur les troupes américaines.

Les avions américains B-17 lâchent leurs bombes sur l'Allemagne.

6000 avions Corsair sortent de l'usine américaine de Stratford pendant la guerre.

FUSÉES ET BOMBES ATOMIQUES

La guerre du ciel ne se limite pas à l'aviation. L'Allemagne réussit trop tard à mettre au point les fusées V1 et V2, lancées sur Londres en 1944 pour attaquer à distance les positions ennemies.
Les États-Unis, renforcés scientifiquement par l'arrivée de nombreux savants européens, lancent le projet Manhattan : il s'agit d'inventer une nouvelle arme, la bombe atomique.
Pour faire capituler le Japon, le président américain Truman décide d'utiliser pour la première fois la nouvelle bombe à l'été 1945.
Les bombardements d'Hiroshima et de Nagasaki, les 6 et 9 août 1945, font 120 000 et 75 000 victimes immédiates.
Les victimes brûlées et irradiées se comptent par dizaines de milliers.
L'humanité est entrée dans l'âge de la menace nucléaire.

Rommel et ses hommes dans le désert libyen.

12 FÉVRIER

ROMMEL À TRIPOLI

Inquiet d'une possible défaite des Italiens contre les Anglais en Afrique du Nord, Hitler nomme Rommel commandant des forces allemandes en Libye. À la tête de l'Afrikakorps, celui qu'on surnomme le "renard du désert" met le cap sur l'Égypte.

11 MARS

LOI DU PRÊT-BAIL AUX ÉTATS-UNIS

La loi du prêt-bail permet d'aider matériellement l'Angleterre. C'est une victoire importante de Roosevelt sur le camp isolationniste.

MARS - JUIN

RECONQUÊTE ALLIÉE EN AFRIQUE DU NORD

Les FFL combattent en Afrique du Nord aux côtés des Anglais. Leclerc (à gauche), parti du Tchad avec 350 hommes, remporte le 1er mars une victoire symbolique à Koufra (dans le Sahara libyen) contre les Italiens. Il prononce le serment de ne pas déposer les armes avant d'avoir libéré Metz et Strasbourg.

6 - 27 AVRIL

LA YOUGOSLAVIE ET LA GRÈCE ENVAHIES PAR LES ALLEMANDS

Les nazis viennent au secours des Italiens dans les Balkans. Ils attaquent simultanément la Grèce et la Yougoslavie, où ils disposent du soutien des nazis croates, les Oustachi. Les partisans grecs se réfugient dans les montagnes pour mener une longue guérilla.

Les avions allemands survolent l'Acropole d'Athènes le 27 avril.

13 AVRIL

PACTE DE NON-AGRESSION URSS-JAPON

L'Axe semble encore se renforcer lorsque l'URSS et le Japon signent un traité de neutralité. Staline, confiant dans ses alliances diplomatiques, est loin d'imaginer le sort que lui réserve Hitler.

30 AVRIL

ROMMEL ASSIÈGE LA FORTERESSE DE TOBROUK

Fin stratège, Rommel reprend la Cyrénaïque (Libye) en quelques jours en avril. Il décide alors d'assiéger la forteresse de Tobrouk. Ce port situé sur la côte libyenne est stratégique pour l'approvisionnement des troupes britanniques. Les Anglais résistent pendant un an et infligent de lourdes pertes à Rommel.

2 JUIN LE STATUT DES JUIFS

Vichy promulgue un premier statut des Juifs le 3 octobre 1940, puis un second, plus dur encore, le 2 juin 1941. Les Juifs, définis selon des critères raciaux, sont exclus de la fonction publique, de l'enseignement, des professions libérales. En 1942, les nazis imposent aux Juifs de la zone occupée le port de l'étoile jaune.

Les tanks russes ont été surpris par l'attaque allemande.

La signature de la charte de l'Atlantique.

22 JUIN HITLER ATTAQUE L'URSS

Hitler prévoit depuis 1940 l'invasion de l'URSS. Le 22 juin 1941, il déclenche l'opération Barbarossa : la Wehrmacht enfonce par surprise les lignes soviétiques. Staline n'a rien vu venir. L'Armée rouge, désorganisée par les purges des années 1930, est balayée par les premières attaques nazies. La guerre se déplace à l'Est et l'URSS passe, malgré elle, du côté allié.

14 AOÛT LA CHARTE DE L'ATLANTIQUE

Churchill rencontre Roosevelt au large de Terre-Neuve en août. Toujours officiellement neutres, les États-Unis affichent leur soutien à l'Angleterre. La charte de l'Atlantique, rendue publique le 14 août, proclame l'attachement des deux pays à la démocratie et au droit des peuples à disposer d'eux-mêmes.

Les soldats soviétiques ripostent aux attaques allemandes sur Moscou.

2 OCTOBRE LES NAZIS ASSIÈGENT LENINGRAD ET MOSCOU

Après leur spectaculaire percée de l'été 1941, les nazis partent à l'assaut du cœur de l'URSS au début du mois d'octobre. Hitler veut porter un coup définitif à l'Armée rouge en s'emparant de Leningrad et de Moscou, les deux plus grandes villes du pays. Staline nomme le général Joukov commandant du front Ouest. Tandis que les habitants de Leningrad se préparent à vivre un siège qui va durer plus de 900 jours, les soldats soviétiques repoussent par tous les moyens les attaques allemandes sur Moscou.

7 DÉCEMBRE LES JAPONAIS BOMBARDENT PEARL HARBOR

À la fin de 1941, les relations entre les États-Unis et le Japon sont de plus en plus tendues, mais les Américains n'envisagent pas d'entrer en guerre. Soudain, le 7 décembre au petit matin, les avions japonais bombardent Pearl Harbor, la plus grande base navale américaine du Pacifique, située dans les îles Hawaï. La déclaration de guerre ne parvient au gouvernement américain qu'une heure après le début de l'offensive. Les Américains sont indignés. 18 navires et 350 avions sont détruits, plus de 2 300 soldats sont tués. Par chance, les trois plus gros porte-avions de la flotte étaient en mer au moment de l'attaque. Les États-Unis ne peuvent plus rester en dehors d'un conflit qui les touche désormais directement.

Convoi de déportés pour le camp de Mauthausen.

7 DÉCEMBRE

DÉCRET NUIT ET BROUILLARD

Le décret Nuit et Brouillard (*Nacht und Nebel* en allemand) est un ordre donné par Hitler, en décembre 1941, qui s'applique aux populations occupées de l'ouest de l'Europe. Toute personne coupable de crimes contre les nazis doit être exécutée immédiatement ou déportée en Allemagne dans le plus grand secret. Il est impossible de savoir si les prisonniers NN (pour *Nacht und Nebel*) sont vivants ou morts ni où ils sont enterrés. Ce décret est à l'origine de la déportation de milliers de résistants français.

Roosevelt signe la déclaration de guerre avec un brassard de deuil.

8 DÉCEMBRE

LES ÉTATS-UNIS DÉCLARENT LA GUERRE AU JAPON

Le lendemain de l'attaque de Pearl Harbor, le président Roosevelt s'adresse au Congrès. Il évoque "une date qui restera marquée d'infamie" et demande aux parlementaires de reconnaître l'état de guerre entre les États-Unis et le Japon. Même les plus farouches défenseurs de l'isolationnisme avant le 7 décembre se rangent à ses côtés. Après l'invasion de l'URSS par les nazis, l'entrée des États-Unis dans la guerre est le second coup de tonnerre de l'année 1941. Un nouveau front s'ouvre dans le Pacifique. Le conflit est devenu mondial.

11 DÉCEMBRE

HITLER ET MUSSOLINI EN GUERRE AVEC LES ÉTATS-UNIS

Le 11 décembre, l'Allemagne et l'Italie respectent le pacte qui les lie avec le Japon et déclarent la guerre aux États-Unis. Les Alliés et les puissances de l'Axe sont engagés dans une lutte sans merci.

Hitler est stoppé par les Soviétiques, affiche de 1941.

19 DÉCEMBRE

MOSCOU NE TOMBERA PAS !

La bataille de Moscou lancée en octobre tourne à l'avantage des Soviétiques. Comme les troupes napoléoniennes en 1812, la Wehrmacht est prise au piège de l'hiver russe. Les températures inférieures à - 30° C, la neige et les routes défoncées empêchent la progression et le ravitaillement des soldats allemands. Le général Joukov lance une contre-offensive à partir du 5 décembre. Il force les Allemands à battre en retraite et remporte la première victoire soviétique de la "Grande Guerre patriotique". Le 19 décembre, Hitler limoge le général Bock, responsable de cette défaite, et prend le commandement de l'armée de terre allemande.

1942

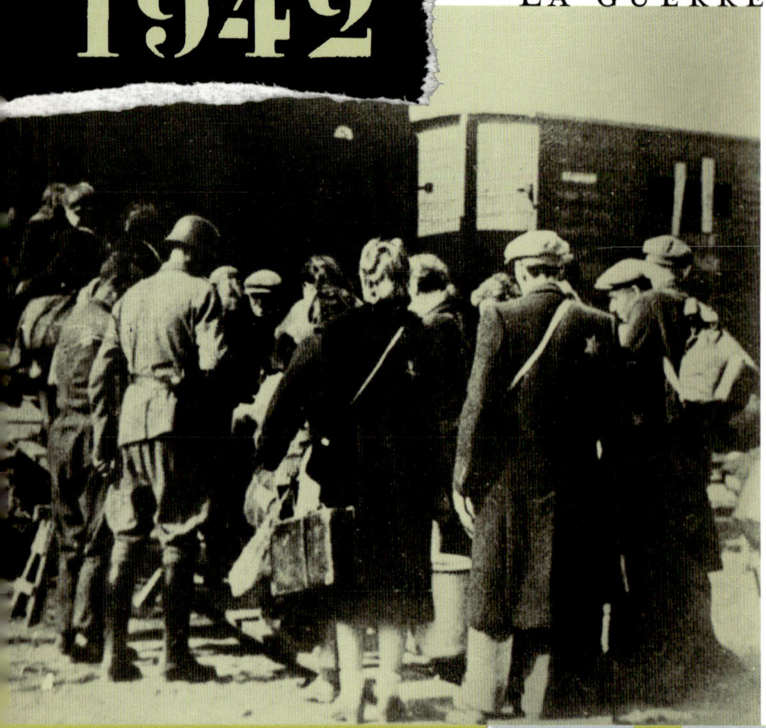

Convoi de Juifs polonais au camp d'extermination d'Auschwitz.

20 JANVIER
LES NAZIS ORGANISENT "LA SOLUTION FINALE"

Les premiers massacres commis contre les Juifs ont lieu à l'occasion de l'invasion de l'URSS. Les Einsatzgruppen, des bataillons de police, fusillent les juifs russes dès l'été 1941. En Pologne, les Juifs sont enfermés dans des ghettos. À la fin de l'année, les nazis sont décidés à exterminer tous les Juifs d'Europe. Le 20 janvier 1942, Heydrich, le chef de l'Office central de sécurité du Reich, préside une conférence secrète à Wannsee, près de Berlin. Les dignitaires nazis organisent ce qu'ils appellent la "Solution finale de la question juive". Tous les Juifs seront déportés et gazés dans les six camps d'extermination installés en Pologne.

LE JAPON *et ses conquêtes (en orange) au début de l'année 1942.*

FÉVRIER - MARS
BLITZKRIEG JAPONAIS DANS LE PACIFIQUE

Alors que les États-Unis ont de la peine à se remettre de la douloureuse attaque de Pearl Harbor, les Japonais partent à la conquête de l'Asie. Les nombreuses victoires des premiers mois de 1942 donnent l'impression que le Blitzkrieg japonais ne s'arrêtera jamais. Guam, Hongkong, les Philippines, la Malaisie, la Birmanie et l'Indonésie tombent aux mains des Japonais. Le 15 février, les Anglais subissent une défaite cinglante à Singapour. La marine américaine est encore trop faible pour pouvoir riposter efficacement aux attaques nippones. L'amiral Yamamoto se met à rêver d'une possible invasion des îles Hawaï, îles du Pacifique appartenant aux États-Unis.

Les bombardiers américains Dauntless attaquent les navires japonais à Midway.

4 - 5 JUIN
VICTOIRE AMÉRICAINE À MIDWAY

Les Japonais partent à la conquête de l'atoll de Midway. Yamamoto veut obliger les Américains à engager toutes leurs forces dans la bataille pour mieux les anéantir. Nimitz, le commandant de la flotte américaine, relève le défi et inflige aux Japonais leur première défaite. Quatre porte-avions japonais sont détruits. Cette victoire redonne espoir aux Américains.

22 JUIN

LAVAL VA PLUS LOIN DANS LA POLITIQUE DE COLLABORATION

Pierre Laval est en faveur d'une collaboration active avec les nazis. Écarté du pouvoir en décembre 1940, il est rappelé le 18 avril 1942, à la demande des Allemands. Son retour en grâce coïncide avec le renforcement de la répression menée par Vichy. En juin, Laval négocie le système de la relève : l'envoi en Allemagne de trois travailleurs français permet la libération d'un prisonnier français. Le 22 juin, il déclare à Compiègne qu'il "souhaite la victoire de l'Allemagne parce que, sans elle, le bolchevisme demain s'installerait partout".

Le chef du gouvernement français Pierre Laval se déclare en faveur de la victoire de l'Allemagne.

Les navires alliés et nazis s'affrontent lors de la bataille de l'Atlantique.

JUIN - SEPT

LA GUERRE SOUS-MARINE ET L'OFFENSIVE ALLEMANDE DANS LE CAUCASE

Les États-Unis saisissent l'importance de la bataille de l'Atlantique au printemps 1942. Les convois anglo-américains restent très vulnérables face aux sous-marins allemands *U-Boote*. Avant de pouvoir débarquer en Europe, les Alliés doivent prendre le contrôle de l'océan Atlantique. Sur le front de l'Est, Hitler profite de l'été pour diriger ses armées vers le sud. Il souhaite s'emparer des ressources pétrolières du Caucase. La progression allemande, très rapide, s'arrête aux portes de Stalingrad en septembre. Staline appelle Joukov en renfort.

12 JUILLET

TRAITÉ D'ASSISTANCE ENTRE LA GRANDE-BRETAGNE ET L'URSS

La Grande-Bretagne et l'URSS signent un traité d'assistance mutuelle le 12 juillet. Churchill accepte d'aider Staline en lui envoyant du matériel. Les Soviétiques bénéficient du régime de la loi prêt-bail américaine à partir d'octobre 1942.

16 - 17 JUILLET

RAFLE DU VÉL'D'HIV' À PARIS

La politique antisémite de Vichy atteint le comble de l'ignominie les 16 et 17 juillet 1942. En deux jours, les policiers français arrêtent 13 000 Juifs parisiens, dont 4 000 enfants, et les regroupent dans l'enceinte du stade du vélodrome d'Hiver. Ils sont ensuite conduits au camp de transit de Drancy, près de Paris, puis déportés à Auschwitz. Les autorités françaises ont choisi de collaborer activement à la Solution finale.

LA SHOAH
de la haine à l'exclusion

Un appel au boycott est affiché sur la vitrine d'un magasin juif à Berlin en 1933.

LES PREMIÈRES VIOLENCES NAZIES

Les Juifs sont victimes du nazisme dès les années 1930. La haine raciale exprimée par Hitler dans *Mein Kampf* présente les Juifs comme une race à exterminer. Les nazis vont commencer par exclure et stigmatiser les Juifs. Les Allemands d'origine juive se sentent allemands autant que les protestants ou les catholiques. Certains comprennent pourtant dès 1933 que leur vie est en danger. Des savants (Einstein, Freud), des intellectuels (Thomas Mann) et des artistes prennent le chemin de l'exil. Ils se réfugient en France, en Angleterre et aux États-Unis. Ceux qui restent sont frappés par les lois d'exclusion de Nuremberg (1935).

Sur ce tableau d'Arthur Kaufmann figurent les grands intellectuels allemands émigrés aux États-Unis.

Les nazis leur interdisent certaines professions. Les mariages entre Juifs et non-Juifs sont interdits au nom de la pureté raciale. Les livres et les œuvres d'artistes juifs sont censurés et brûlés. Lors de la Nuit de cristal (9 nov. 1938), les magasins juifs sont pillés et brûlés, 91 Juifs sont tués. Les Juifs ne sont plus en sécurité en Allemagne nazie.

Dans tous les pays occupés, les nazis imposent aux Juifs de porter une étoile jaune.

L'EUROPE GAGNÉE PAR L'ANTISÉMITISME

L'Europe des années 1930 est très antisémite. En France, des manifestations racistes ont lieu. Des professions (la médecine, le droit) sont rendues difficilement accessibles aux Juifs. Léon Blum, chef des socialistes, est agressé en 1936 par la foule antisémite à Paris. L'Italie fasciste impose en 1938 des lois très dures contre les Juifs. Les Juifs rencontrent partout la méfiance ou la haine. Le départ vers l'Amérique devient alors le seul moyen de se protéger.

LA GUERRE ET LE DURCISSEMENT DE L'ANTISÉMITISME

L'invasion de la Pologne par les nazis puis la défaite de la France étendent l'antisémitisme à l'ensemble de l'Europe. Les Juifs de Pologne, installés ici en très grand nombre depuis des siècles, sont groupés de force dans des ghettos (notamment à Varsovie). Leurs conditions de vie sont déplorables.
En France, Vichy crée en octobre 1940 un statut des Juifs, durci en juin 1941. Les mesures d'exclusion s'inspirent des lois nazies.

Un café parisien interdit aux Juifs en 1940.

Tous les juifs ont l'obligation de se faire recenser. Inscrits sur des listes, leurs noms seront ensuite utilisés par les nazis pour la déportation. Dans toute l'Europe dominée par les nazis, les Juifs sont exclus des universités. Leurs biens leur sont confisqués. L'"aryanisation" met dans les mains de gens avides ces biens volés aux Juifs.

Le 19 avril 1943, les Juifs du ghetto de Varsovie se révoltent contre les nazis. En trois semaines, les nazis détruisent le ghetto et conduisent les quelques survivants dans les camps.

LE FRONT RUSSE ET LES MASSACRES DE L'ÉTÉ 1941

L'invasion de la Russie par l'Allemagne s'accompagne de campagnes meurtrières contre les communautés juives de l'est de l'Europe. Des bataillons composés de policiers allemands et de volontaires baltes (les Einsatzgruppen) suivent de près l'avancée de l'armée allemande.

Ils entrent dans les villages et fusillent tous les habitants : les hommes, les femmes et les enfants. Plusieurs centaines de milliers de Juifs polonais et russes sont ainsi tués entre juin et octobre 1941. Leurs corps sont jetés dans des fosses communes. La volonté nazie de faire disparaître tous les Juifs est en marche : le génocide a commencé.

LA SHOAH
la déportation

Au portail des camps est inscrite la formule cynique et mensongère : "Le travail rend libre".

LA "SOLUTION FINALE"

Les nazis ont dès le début de la guerre la volonté de tuer les Juifs. Les exécutions par fusillade de l'été 1941 ne sont qu'une première étape. Les dirigeants nazis recherchent le moyen d'exterminer les Juifs en masse et de faire disparaître leurs corps. En janvier 1942, les nazis décident à Wannsee de mettre à exécution le plan de "Solution finale de la question juive". Tous les Juifs d'Europe vont être déportés par train vers six camps d'extermination situés en Pologne. Les chambres à gaz, déjà testées sur les malades mentaux (programme T4), seront utilisées pour la destruction du peuple juif.

Le nazi Heydrich préside la conférence de Wannsee le 20 janvier 1942.

LES RAFLES ET LES DÉPORTATIONS

À partir de 1942, les Juifs qui vivent dans les pays occupés par les nazis sont systématiquement arrêtés, regroupés dans des camps puis déportés par train vers la Pologne. Les Juifs sont entassés dans des trains pendant plusieurs jours, sans eau ni nourriture. Beaucoup meurent avant l'arrivée dans les camps. Les Tziganes subissent le même sort. En France, la police a aidé les nazis à arrêter les Juifs. Le 16 juillet 1942, lors de la rafle du Vél' d'Hiv', 13 000 Juifs parisiens sont emmenés de force. Certains enfants parviennent à se cacher et à fuir grâce au sacrifice de leurs parents. Des Français, les "Justes", ont aussi permis de sauver des centaines de Juifs. Les ghettos de Pologne sont détruits et leurs habitants tués ou emmenés dans les camps.

CAMPS DE CONCENTRATION ET CAMPS D'EXTERMINATION

Le nazi Adolf Eichmann est responsable de la déportation et de l'extermination des juifs à l'échelle de l'Europe. L'Europe se couvre de camps pendant la guerre. Les résistants, les ennemis politiques des nazis, sont déportés dans des camps de concentration. Les premiers ont été ouverts en Allemagne dès 1933 (Dachau). Des dizaines d'autres (Buchenwald, Ravensbrück, Mauthausen) sont remplis de prisonniers pendant la guerre. Les Juifs sont envoyés dans des camps d'extermination. Ces camps, au nombre de six (voir page suivante) abritent des chambres à gaz et des fours crématoires. Tous ceux qui y sont envoyés sont condamnés à la mort.

LA VIE DANS LES CAMPS

La SS de Himmler s'occupe de l'organisation et de la surveillance des camps. Tout geste déplacé peut entraîner la mort. Dans les camps règnent la violence et la négation de l'humanité des déportés.

Les kapos de Bergen-Belsen.

Les prisonniers des camps de concentration vivent dans des baraquements. Ils portent des tenues rayées et un triangle de couleur qui indique le motif pour lequel les nazis les ont emprisonnés. Les criminels de droit commun (les triangles verts) sont mieux traités que les autres. Les baraquements sont commandés par des prisonniers, les kapos, qui profitent souvent de leur pouvoir contre les autres prisonniers. Les hommes sont mis au travail forcé. Les déportés travaillent dans des conditions épouvantables pour des usines allemandes. Beaucoup meurent de faim et de froid. Ceux qui sont à l'infirmerie (le *Revier*) échappent au travail forcé mais risquent de mourir du typhus.

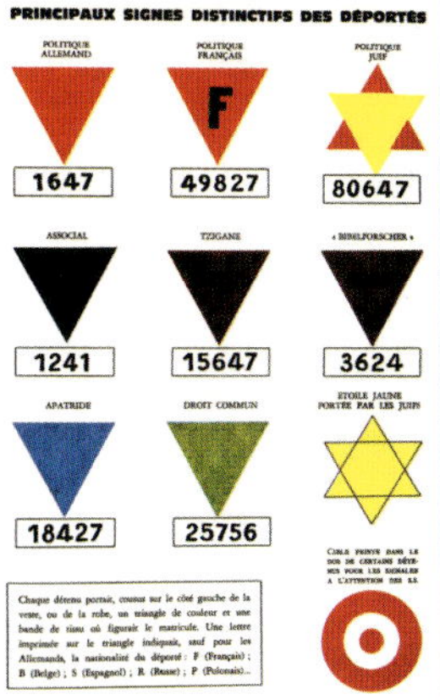

Les déportés portent des triangles de différentes couleurs qui indiquent pour quel motif les nazis les ont arrêtés.

Himmler (le deuxième à gauche), le chef des SS, visite le camp de concentration de Pow.

« Alors, pour la première fois, nous nous apercevons que notre langue manque de mots pour exprimer cette insulte : la démolition d'un homme. [...] Mon nom est 174 517 : nous avons été baptisés, et aussi longtemps que nous vivrons, nous porterons cette marque sur le bras gauche. »

Primo Levi, Si c'est un homme, *1947.*

LA SHOAH
la mort industrielle

LES CAMPS D'EXTERMINATION

Les camps d'extermination sont très différents des camps de concentration. Il en existe six, tous situés en Pologne : Auschwitz-Birkenau (1 million de morts), Belzec (550 000), Chelmno (150 000), Majdanek (50 000), Sobibor (200 000), Treblinka (750 000). À l'arrivée des trains, les nazis trient les déportés. Les femmes, les enfants et les vieillards sont immédiatement envoyés à la mort dans les chambres à gaz. Les hommes capables de travailler sont mis au travail forcé avant d'être tués à leur tour. Les médecins nazis (le Dr Mengele à Auschwitz) se livrent à d'ignobles expériences médicales. Les Juifs sont mis nus et poussés dans des douches. Ce sont en réalité des chambres à gaz où ils meurent asphyxiés. Leurs corps sont ensuite brûlés pour ne laisser aucune trace. Des déportés juifs, contraints à transporter les cadavres dans les fours, sont ensuite tués à leur tour.

Les enfants qui n'étaient pas immédiatement tués à leur arrivée au camp servaient de "cobayes" pour des expériences médicales.

SAVAIT-ON ?

Au début de la guerre, les Européens ne savent pas toujours le sort réservé aux Juifs. À partir de 1943, l'existence des chambres à gaz devient connue. Les collaborateurs qui aident les nazis à arrêter les Juifs savent ce qui se passe dans les camps d'extermination. Les Alliés reçoivent des preuves de l'existence du génocide. Leurs actions militaires les occupent trop pour qu'ils puissent bombarder les camps d'extermination de Pologne. L'aveuglement a aussi joué. La Croix-Rouge internationale visite le camp de Theresienstadt (Tchécoslovaquie) en 1944. Dans ce camp "vitrine", les déportés semblent traités correctement. En réalité, tous les prisonniers seront exterminés à Auschwitz-Birkenau.

LES RÉVOLTES

Les déportés juifs ont tenté de se révolter. La violence des SS a fait échouer ces tentatives. Lors des révoltes de Treblinka (2 août 1943) et Sobibor (14 octobre 1943), quelques hommes ont réussi à s'enfuir. La plupart ont été exécutés ou rattrapés puis gazés. La fuite ne met pas à l'abri : il faut encore survivre dans les forêts glaciales de Pologne, et échapper aux soldats nazis. Le numéro tatoué sur le bras des Juifs à leur arrivée au camp peut les trahir à tout moment.

LA LIBÉRATION DES CAMPS

Les Russes sont arrivés les premiers en Pologne. Ils libèrent le camp d'Auschwitz-Birkenau le 27 janvier 1945. Les nazis ont entraîné dans leur fuite les Juifs encore valides. Beaucoup meurent lors de cette "marche de la mort". Le monde prend alors pleinement conscience de l'horreur du génocide : on découvre les chambres à gaz, les fours et les cadavres amoncelés. Les rescapés ont encore enduré de lourdes épreuves après la libération. Il a fallu traverser l'Europe, parfois pendant des mois. À leur retour, les déportés ont rencontré l'incompréhension. Ce qu'ils avaient vécu et vu était impossible à communiquer. Le témoignage de Primo Levi, *Si c'est un homme*, publié en France en 1955, ne sera vraiment lu qu'à partir des années 1970.

Œuvre de Christian Boltanski montrant quelques personnes disparues parmi les millions de morts des camps nazis.

« LES JUIFS DOIVENT PORTER L'ÉTOILE JAUNE ; LES JUIFS DOIVENT RENDRE LEUR VÉLO ; LES JUIFS N'ONT PAS LE DROIT DE PRENDRE LE TRAM ; LES JUIFS N'ONT PAS LE DROIT DE CIRCULER EN AUTOBUS NI MÊME DANS UNE VOITURE PARTICULIÈRE ; LES JUIFS NE PEUVENT FAIRE LEURS COURSES QUE DE TROIS HEURES À CINQ HEURES ; LES JUIFS NE PEUVENT ALLER QUE CHEZ UN COIFFEUR JUIF... »

Anne Frank, Journal, 1942-1944.

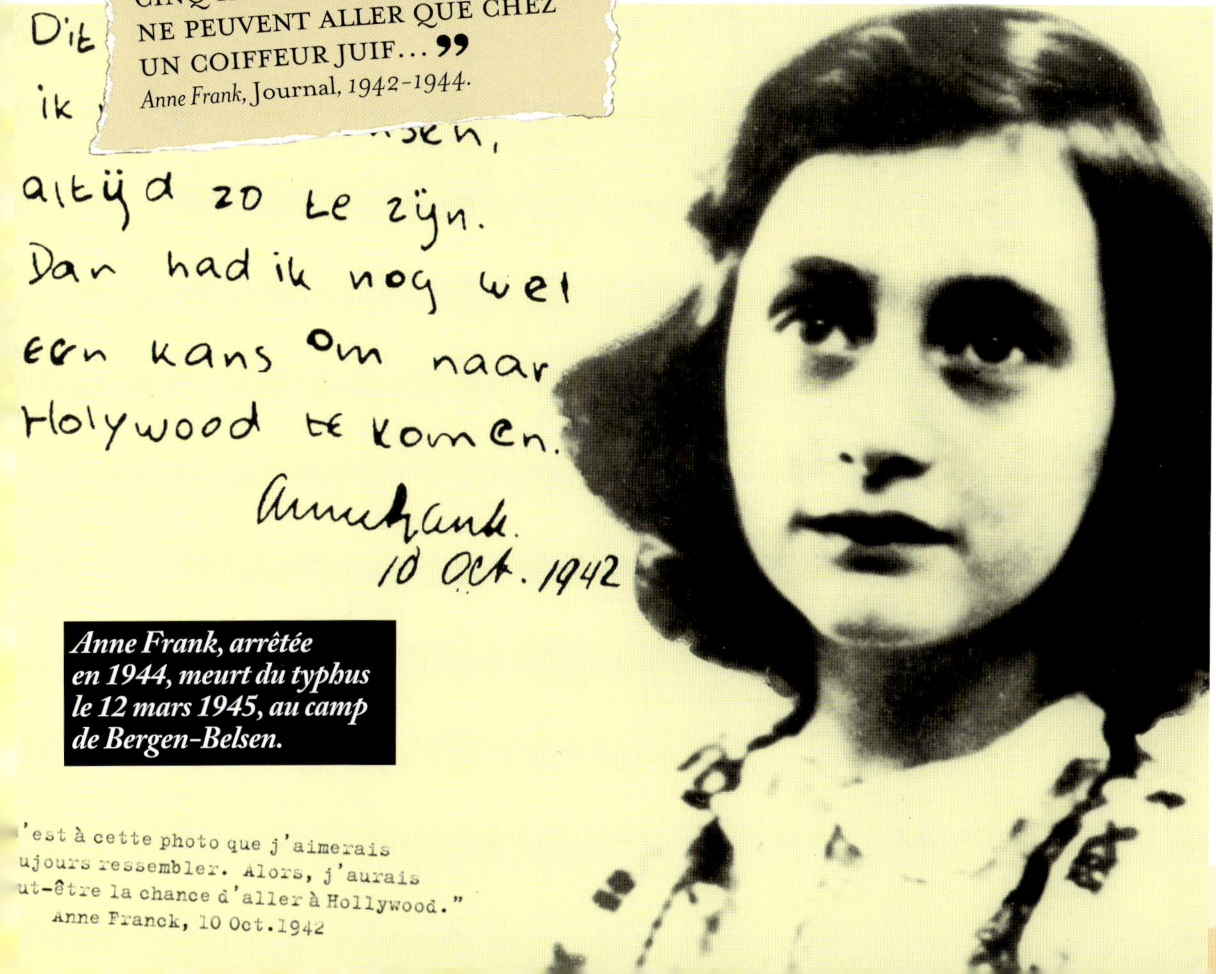

Anne Frank, arrêtée en 1944, meurt du typhus le 12 mars 1945, au camp de Bergen-Belsen.

LE GÉNOCIDE DES JUIFS ET DES TZIGANES

Le génocide a causé la mort de six millions de Juifs et de 220 000 Tziganes. Les Juifs d'Europe ont été presque tous exterminés. En 1945, la Pologne ne compte plus que quelques milliers de Juifs. Le XXe siècle a connu d'autres génocides (en Arménie en 1915, au Cambodge dans les années 1970, en Yougoslavie et au Rwanda dans les années 1990). Pourtant le génocide juif est unique dans l'histoire, en raison de l'existence des camps et des chambres à gaz. Il s'est agi d'une véritable destruction industrielle du peuple juif.

1942

Troupes américaines débarquant à Guadalcanal.

7 AOÛT
CONTRE-OFFENSIVE AMÉRICAINE DANS LE PACIFIQUE

Après la victoire de Midway, les Américains, aidés des Australiens et des Néo-Zélandais, décident d'adopter une stratégie plus offensive. Le 7 août, ils débarquent sur l'île de Guadalcanal dans l'archipel des Salomon. Les Japonais ripostent immédiatement.

19 AOÛT
OPÉRATION JUBILEE

Des troupes anglo-canadiennes partent à l'assaut du port de Dieppe le 19 août. Cette opération de débarquement est un échec total.

Les artilleurs allemands en pleine action à Stalingrad.

12 SEPTEMBRE
DÉBUT DE LA BATAILLE DE STALINGRAD

Hitler veut terrasser l'URSS après les succès foudroyants remportés par les nazis dans le Caucase.
Le 12 septembre, la 6e armée du général Friedrich Paulus entre dans Stalingrad. Cette ville située sur la Volga revêt une importance stratégique et symbolique puisqu'elle porte le nom de Staline. Le général soviétique Tchouïkov reçoit l'ordre de défendre la ville rue par rue. Début novembre, les Allemands sont maîtres de Stalingrad. Toutefois, les Soviétiques parviennent à encercler les hommes de Paulus. La 6e armée est prise au piège et coupée du reste des forces allemandes.

Le général Montgomery avance vers les lignes allemandes à El-Alamein.

23 OCTOBRE - 4 NOVEMBRE
VICTOIRE D'EL-ALAMEIN

La bataille d'El-Alamein marque un tournant dans la guerre du désert. Parti de Tobrouk, Rommel tente de prendre cette position égyptienne. La 8e armée du général britannique Montgomery remporte une victoire décisive sur les troupes de l'Afrikakorps le 4 novembre. Rommel désobéit à Hitler et se replie en Tunisie.

Avant le débarquement en Algérie, une messe est célébrée pour les soldats américains.

8 NOVEMBRE
DÉBARQUEMET EN AFRIQUE DU NORD

Churchill prône depuis longtemps un débarquement sur les côtes d'Afrique du Nord. Après avoir beaucoup hésité, Roosevelt tombe d'accord avec lui. L'opération *Torch* débute le 8 novembre 1942. Les Alliés débarquent près d'Alger et prennent le contrôle de l'Algérie et du Maroc. Ils concluent un accord avec Darlan, ancien Premier ministre de Pétain. De Gaulle est ulcéré. Le 9 novembre, les Allemands et les Italiens renforcent leur présence en Tunisie.

Les soldats nazis traversent Marseille en direction de Nice.

11 NOVEMBRE
OCCUPATION DE LA ZONE LIBRE

Avec l'opération *Torch*, Vichy perd son principal atout, l'Empire. Hitler n'a plus aucune raison de ménager le maréchal Pétain. Il ordonne à la Wehrmacht d'envahir la zone libre le 11 novembre à 7 h du matin. L'armée de Vichy n'oppose aucune résistance. Seul le général de Lattre de Tassigny tente de réagir. Pétain proteste solennellement mais Hitler s'en moque : son but est d'empêcher un débarquement allié dans le sud de la France et de faire main basse sur la flotte de guerre française. Les Italiens s'emparent de la Corse. Le territoire français est désormais intégralement occupé. Vichy a perdu tout ce qui pouvait faire croire à son indépendance.

Les navires français détruits dans le port de Toulon.

27 NOVEMBRE
LA FLOTTE FRANÇAISE SE SABORDE À TOULON

Les Allemands désirent s'emparer de la flotte française mouillée en rade de Toulon. Le 27 novembre, ils déclenchent une attaque terrestre tandis que la *Kriegsmarine* bloque la sortie du port. Les marins français préfèrent couler leurs navires plutôt que de les laisser tomber aux mains des nazis.

24 DÉCEMBRE
ASSASSINAT DE DARLAN À ALGER

Darlan est assassiné le 24 décembre à Alger. Les Alliés doivent trouver un nouvel interlocuteur en Afrique du Nord. De Gaulle propose ses services, mais les Américains semblent lui préférer le général Giraud.

1943

2 FÉVRIER

VICTOIRE DE STALINGRAD

La 6e armée passe l'hiver assiégée dans Stalingrad. Alors que Paulus voudrait tenter une percée pour rejoindre les armées allemandes stationnées dans la région, Hitler refuse et lui donne l'ordre de tenir la ville coûte que coûte. Les hommes de Paulus sont approvisionnés par un pont aérien. En janvier 1943, la situation de la 6e armée devient désespérée. Les soldats sont tétanisés par le froid et la faim. Le 2 février, Paulus et son armée se rendent. 200 000 soldats allemands sont morts, 91 000 sont faits prisonniers. Cette victoire historique de l'Armée rouge met fin au mythe de l'invincibilité des nazis. La reconquête alliée peut commencer.

Le général Paulus se rend aux Soviétiques le 2 février 1943.

9 FÉVRIER

VICTOIRE AMÉRICAINE À GUADALCANAL

La bataille pour le contrôle de l'île de Guadalcanal (à gauche) dure plus de six mois. Japonais et Américains s'affrontent dans de terribles combats de jungle. Le 9 février, les Japonais quittent l'île. Sur les 34 000 hommes qu'ils avaient engagés, 24 000 sont morts. Pour la première fois, les Américains ont vaincu les Japonais sur terre.

13 MAI

CAPITULATION ALLEMANDE EN TUNISIE

Après l'opération *Torch*, Rommel est coincé entre les armées alliées venant de l'Ouest et les troupes de Montgomery parties d'Égypte. Le 7 mai, les Américains et les Français libres entrent dans Bizerte. Le 13 mai, les Allemands capitulent.

19 AVRIL - 16 MAI

INSURRECTION DU GHETTO DE VARSOVIE

Les Juifs du ghetto de Varsovie connaissent dès 1942 l'existence des chambres à gaz. Ils se révoltent lorsque Himmler envoie les SS arrêter les derniers survivants. Après un mois de lutte, le ghetto n'est plus qu'un amas de cendres et de cadavres.

Les Juifs du ghetto de Varsovie ont choisi de mourir les armes à la main en luttant contre les nazis.

Affiche de propagande nazie évoquant la lenteur de l'avancée alliée en Italie.

10 JUILLET
DÉBARQUEMENT EN SICILE ET CHUTE DE MUSSOLINI

L'ouverture d'un second front se confirme le 10 juillet avec le débarquement des troupes américaines et anglaises en Sicile. Les dirigeants fascistes s'inquiètent de la faiblesse de Mussolini et le font arrêter le 25 juillet. Le maréchal Badoglio prend la tête du gouvernement italien. Pendant ce temps, les Allemands envoient des renforts dans le sud de l'Italie. Le 3 septembre, les Alliés débarquent à Salerne, près de Naples. À la surprise générale, le gouvernement de Badoglio signe le 8 septembre un armistice avec les Alliés. L'Italie est divisée entre une zone sud libérée par les Alliés et une zone nord, comprenant Rome, occupée par les nazis.

À Koursk a lieu la plus grande bataille de chars de la guerre.

5 - 17 JUILLET
BATAILLE DE KOURSK

Les Allemands tentent le tout pour le tout en Russie. Le 5 juillet, 2 700 chars allemands attaquent l'Armée rouge à Koursk. Pendant douze jours a lieu la plus grande bataille de chars de la guerre. Les Soviétiques sont en supériorité numérique et repoussent avec succès l'offensive allemande. Après Stalingrad, la Wehrmacht subit un nouvel échec. Hitler comprend que la victoire n'est plus possible.

28 NOVEMBRE - 1ER DÉCEMBRE
STALINE, ROOSEVELT ET CHURCHILL À TÉHÉRAN

Staline, Roosevelt et Churchill se rencontrent tous les trois pour la première fois à Téhéran entre le 28 novembre et le 1er décembre. Le leader soviétique réclame l'ouverture urgente d'un second front à l'Ouest, plus précisément en France. Roosevelt et Churchill lui font part de leur intention de débarquer en Normandie en mai 1944. En échange, Staline promet de mener une grande offensive sur le front de l'Est et d'entrer en guerre contre le Japon une fois que l'Allemagne aura été vaincue.

Des habitants de Leningrad félicitant un soldat de l'Armée rouge.

JANVIER - MAI LIBÉRATION DE L'URSS

En situation critique sur le front de l'Est, la Wehrmacht se replie toutefois sans être anéantie. Le général von Manstein manœuvre habilement et retarde l'heure de la défaite. En janvier, les Soviétiques libèrent Leningrad après 900 jours de siège. En mai, la grande attaque soviétique en Ukraine libère l'URSS de l'emprise nazie.

Un convoi de déportés juifs hongrois arrive à Auschwitz en 1944.

29 JANVIER
PRISE DES ÎLES MARSHALL

Les Américains commencent une lente reconquête du Pacifique, menée archipel par archipel. En janvier, l'amiral Nimitz s'empare des îles Marshall.

19 MARS
HITLER ENVAHIT LA HONGRIE

La Hongrie de l'amiral Horthy est l'alliée de l'Allemagne depuis 1939. Des troupes hongroises participent à l'invasion de l'URSS. Néanmoins, les défaites nazies de l'année 1943 inquiètent Horthy. Il annonce à Hitler qu'il souhaite se retirer de la guerre. Le chef nazi refuse et fait envahir la Hongrie le 19 mars. Dans les mois qui suivent, plus de 400 000 Juifs hongrois sont déportés à Auschwitz.

Un avion kamikaze s'écrase sur un porte-avions américain (oct. 1944).

MAI PREMIERS KAMIKAZES JAPONAIS

La reconquête américaine du Pacifique inquiète les chefs militaires japonais. Après la victoire des îles Marshall, Nimitz part à l'assaut des îles Mariannes. L'effort de guerre américain porte ses fruits : la marine américaine prend le dessus sur la marine japonaise. Dans le Pacifique sud, MacArthur se dirige vers les Philippines. Le commandement japonais expérimente au printemps une nouvelle arme. De jeunes pilotes inexpérimentés jettent leurs avions, bourrés d'explosifs, sur les porte-avions ennemis. Ces hommes se sacrifient et causent d'énormes dégâts aux navires de Nimitz et MacArthur. Les attaques des kamikazes s'intensifient en octobre 1944.

Les Alliés prennent le mont Cassin après une bataille de cinq mois.

17 MAI VICTOIRE ALLIÉE AU MONT CASSIN

Après leur débarquement à Salerne en septembre 1943, les Alliés libèrent Naples le 1er octobre. Ils pensent pouvoir progresser rapidement vers Rome, mais le général allemand Kesselring construit une ligne de défense qui bloque l'avancée des Anglais. Le mont Cassin est le point stratégique qui permet à celui qui le contrôle de tenir la capitale italienne. Les combats y font rage de janvier à mai 1944. Le 17 mai, les soldats polonais, franco-marocains et anglais délogent les derniers Allemands du mont Cassin et s'ouvrent la route de Rome.

Les Romains fêtent la libération de la Ville éternelle devant le Colisée.

4 JUIN LIBÉRATION DE ROME

Rome a été déclarée ville ouverte en septembre 1943.
Le gouvernement de Badoglio a dû fuir à Brindisi.
Les nazis entrent dans la ville et y font régner la terreur.
La victoire alliée du mont Cassin annonce la fin de l'occupation.
Le 4 juin 1944, les soldats américains du général Clark libèrent Rome.
Mais le nord de l'Italie reste occupé par les Allemands. Mussolini, emprisonné, a réussi à se faire libérer par les nazis en septembre 1943. Il a fondé un nouvel État à Salo, près du lac de Garde.
Les fascistes qui l'entourent commettent des atrocités contre les partisans italiens.

« OK, ON Y VA ! » *Eisenhower vient de prendre la décision la plus importante de sa vie et, le jour J (D-Day), des milliers de soldats alliés débarquent sur les plages de Normandie.*

6 JUIN

LES ALLIÉS DÉBARQUENT EN NORMANDIE

Le 10 juin, la division SS "Das Reich" en route vers la Normandie, fusille et brûle vivants les 1 500 habitants du village d'Oradour-sur-Glane, près de Limoges.

L'opération militaire "Overlord" est la plus décisive de la guerre sur le front de l'Ouest. Les Américains, les Anglais et les Canadiens, partis des côtes anglaises, débarquent par dizaines de milliers sur cinq plages de Basse-Normandie (baptisées pour l'occasion Omaha, Utah, Gold, Juno et Sword). Les Allemands s'attendaient à un débarquement mais pensaient qu'il aurait lieu dans le Pas-de-Calais. Les moyens utilisés lors de cette opération sont colossaux : navires, avions, parachutages, ports artificiels. Commence alors la très longue et meurtrière bataille de Normandie. Les Alliés rencontrent dans le bocage normand une résistance redoutable de la part des Allemands. Cherbourg, fin juin, puis Caen, en août, sont libérées au prix de terribles bombardements qui font de nombreuses victimes civiles. Le 12 septembre, les Alliés entrent dans Le Havre en ruine après trois mois d'intenses combats.

Les lanceurs de missiles Katioucha, surnommés les “orgues de Staline”.

22-28 JUIN
GRANDE OFFENSIVE RUSSE

À Téhéran, Staline a promis aux Alliés de lancer une grande offensive à l'Est peu après le débarquement de Normandie. C'est chose faite le 22 juin. Les Allemands sont attaqués simultanément en France par les Anglo-Américains et en Biélorussie par l'Armée rouge. Plus d'un million de soldats soviétiques, accompagnés de 2 700 chars et 5 000 avions, se ruent sur des troupes allemandes très affaiblies. L'Armée rouge progresse de 250 km en une semaine et contraint les Allemands à une retraite désordonnée. La Biélorussie, dernière partie occupée du territoire de l'URSS, est libérée.

Un civil indique à un soldat polonais où se trouvent les Allemands.

1er AOÛT - 2 OCTOBRE
INSURRECTION DE VARSOVIE

L'Armée rouge arrive aux portes de Varsovie fin juillet. L'Armée polonaise de l'intérieur (AK), soutenue par le gouvernement en exil et par la population, déclenche une insurrection le 1er août. Après quelques succès, le soulèvement est cruellement réprimé par les SS. Himmler ordonne l'exécution de tous les insurgés et de tous les civils. Entre le 20 et le 25 août, 40 000 Polonais sont massacrés. Les Soviétiques, repliés sur l'autre rive de la Vistule, assistent sans bouger à cet horrible massacre. Staline refuse de venir en aide aux Polonais.

Des soldats alliés sont parachutés en Provence pendant que d'autres arrivent par la mer.

15 AOÛT
DÉBARQUEMENT ALLIÉ EN PROVENCE

Le débarquement des Alliés en Provence, prévu de longue date, a été repoussé au 15 août. La 7e armée américaine et la 1re armée française du général de Lattre de Tassigny débarquent entre Saint-Tropez et Saint-Raphaël. Les Allemands, pris en tenaille, n'ont plus les moyens de s'opposer à ce fulgurant assaut. L'opération est un succès : 6 000 hommes et 6 000 véhicules touchent le sol provençal dès le 15 août. La reconquête du sud de la France se fait ensuite très rapidement, avec l'aide de la Résistance. Les soldats algériens et marocains incorporés dans les FFL participent à la libération de Toulon le 22 août, de Marseille le 23, puis de Lyon le 3 septembre.

Les Parisiens érigent des barricades comme lors des soulèvements populaires du XIXe siècle.

25 AOÛT
LIBÉRATION DE PARIS

À Paris, l'annonce de l'avancée des Alliés en Normandie redonne de l'espoir aux habitants. Les résistants communistes, réunis autour de Rol-Tanguy, appellent les Parisiens à se soulever contre l'occupant. Les cheminots, les policiers et les postiers se mettent en grève. La nouvelle du débarquement de Provence provoque le déclenchement d'une insurrection le 19 août. Paris se couvre de barricades. Des batailles de rue opposent les insurgés aux nazis. Le général allemand von Choltitz refuse d'obéir aux ordres de Hitler : Paris ne sera pas détruite. Le 25 août, la 2e division blindée du maréchal Leclerc entre dans Paris. La capitale est libérée.

Les Belges fêtent la libération de Bruxelles par les troupes alliées.

3 - 17 SEPTEMBRE
LIBÉRATION DE LA BELGIQUE ET DES PAYS-BAS

La libération de Paris ouvre la route de la Belgique aux Alliés. Le pays est libéré très rapidement au début du mois de septembre. Les résistants belges participent à la prise du port d'Anvers. Le gouvernement en exil à Londres rentre immédiatement à Bruxelles. La reconquête des Pays-Bas se fait tout aussi vite.
La population accueille avec un immense soulagement les Anglo-Américains. Les mesures de rétorsion des Allemands (blocage du ravitaillement) annoncent un hiver très rude pour les Néerlandais.
Le 17 septembre, Montgomery tente de franchir le Rhin à Arnhem, mais sans succès.

Affiche de Paul Colin commémorant le martyre de Varsovie.

2 OCTOBRE
VARSOVIE ÉCRASÉE

La situation de Varsovie devient désespérée au mois de septembre. Staline semble avoir décidé d'attendre l'écrasement de la ville par les Allemands pour donner l'ordre à ses troupes de reprendre leur marche. Les insurgés, démunis, se battent avec de simples fusils contre les chars et les avions nazis. Le 2 octobre, le général polonais Komorowski capitule. 180 000 civils et 20 000 combattants ont été tués. Varsovie est entièrement détruite.

Libération de Belgrade par les Soviétiques.

12 OCTOBRE

ATHÈNES EST LIBÉRÉE PAR LES ANGLAIS

Un partisan communiste libère la Grèce de la botte allemande.

La poussée des Soviétiques dans les Balkans précipite la libération de la Grèce. Les Britanniques entrent dans Athènes le 12 octobre. Très vite, les résistants grecs communistes s'opposent aux forces nationalistes soutenues par les Anglais. En décembre, deux mois à peine après sa libération, Athènes devient le théâtre d'une violente guerre civile.

20 OCTOBRE

BELGRADE EST LIBÉRÉE, L'ARMÉE ROUGE ENTRE EN HONGRIE

La libération de la Yougoslavie est déjà bien avancée, grâce aux partisans de Tito, lorsque l'Armée rouge entre dans Belgrade le 20 octobre. En Hongrie, les nazis occupent Budapest le 15 octobre. Les convois de déportation des Juifs s'intensifient, alors qu'au même moment les Soviétiques font leur entrée sur le sol hongrois.

2 NOVEMBRE

DERNIER CONVOI POUR AUSCHWITZ

Malgré l'avancée des Soviétiques, les nazis poursuivent l'extermination des Juifs à Auschwitz jusqu'au 2 novembre 1944. Entre mars et novembre, 585 000 Juifs hongrois et polonais ont été tués. Après une révolte des détenus en octobre, les SS commencent à démolir les chambres à gaz et les fours.

Des Juifs hongrois sont triés par un SS à Auschwitz.

23 NOVEMBRE

LECLERC ENTRE DANS STRASBOURG

La libération de l'est de la France est beaucoup plus longue que prévu. Les Allemands jettent toutes leurs forces dans la défense de cette région pour éviter l'invasion de leur territoire. Après de longs combats, la 2e DB du maréchal Leclerc entre dans Strasbourg le 23 novembre : le serment de Koufra est tenu. En décembre, les nazis jouent leur va-tout et lancent une contre-offensive dans les Ardennes.

Leclerc et ses hommes à Strasbourg, le 23 novembre.

L'entrée du camp d'extermination d'Auschwitz en Pologne.

27 JANVIER L'ARMÉE ROUGE LIBÈRE AUSCHWITZ

Devant la progression de l'Armée rouge, les nazis tentent de détruire les installations du camp d'Auschwitz. De 1942 à 1945, plus d'un million de Juifs y sont morts. Le 18 janvier, les SS quittent le camp en emmenant avec eux les déportés capables de marcher. Plusieurs milliers d'entre eux meurent en chemin. Le 27 janvier, les Soviétiques libèrent Auschwitz. Des milliers de cadavres squelettiques jonchent le sol du camp. Les soldats de l'Armée rouge découvrent des survivants hagards et décharnés.

Affiche soviétique montrant Hitler assailli à l'ouest et à l'est.

31 JANVIER
L'ARMÉE ROUGE FRANCHIT L'ODER

Le "rouleau compresseur" soviétique fond sur l'Allemagne. Menacé de tous les côtés, Hitler décide de masser ses troupes à l'ouest et de tout faire pour tenir les puits de pétrole hongrois. Les Soviétiques n'ont plus devant eux qu'un front dégarni. Varsovie est libérée le 17 janvier. Face à l'avancée irrésistible des soldats de Joukov, les populations civiles fuient dans le plus grand désordre. Le 31, l'Armée rouge atteint le fleuve Oder et entre en Allemagne. Berlin n'est plus qu'à 70 km.

Des fantassins américains progressent sur l'île de Leyte.

4 FÉVRIER

CHUTE DE MANILLE

Après s'être emparés des îles Mariannes en juin 1944, les Américains remportent des victoires décisives contre les Japonais. Ils prennent Saipan, Tinian et Guam en août. La flotte de Nimitz, partie du Pacifique centre, et celle de MacArthur, partie du Pacifique sud-ouest, se rejoignent à Leyte en octobre 1944. Cette bataille navale, gagnée par les Américains, leur ouvre les portes des Philippines. MacArthur peut lancer ses hommes à l'assaut de l'archipel. Après de rudes combats terrestres, les Américains pénètrent dans Manille, la capitale philippine, le 4 février 1945. Les *marines* semblent tout près de leur but, mais les kamikazes japonais continuent de leur faire subir de lourdes pertes.

Deux Alsaciennes fêtent la libération au bras d'un soldat allié.

9 FÉVRIER

LIBÉRATION DE COLMAR

La prise de Strasbourg en novembre n'a pas permis de libérer Colmar. La contre-offensive allemande dans les Ardennes retarde la progression alliée. La victoire des Alliés, le 26 décembre 1944, leur donne l'occasion de porter un coup définitif à la présence nazie sur le sol français. Par un froid glacial, les Américains et les Français parviennent enfin à libérer Colmar le 9 février 1945. L'invasion du Reich par l'ouest peut maintenant commencer.

Churchill, Roosevelt et Staline à Yalta en février 1945.

4 - 11 FÉVRIER

CONFÉRENCE DE YALTA

C'est à Yalta, station balnéaire de Crimée au bord la mer Noire, que Churchill, Roosevelt et Staline se réunissent pour la seconde fois. Ils y discutent des opérations militaires à mener pour venir à bout de l'Axe, et commencent à préparer l'après-guerre. Staline s'engage à entrer en guerre contre le Japon trois mois après la défaite du Reich. Il revendique l'annexion des territoires perdus par la Russie en 1917. Alors que Churchill se méfie des prétentions soviétiques, Roosevelt cherche à tout prix le compromis avec le dirigeant de l'URSS. Staline promet de participer à la future organisation des Nations unies en échange de plusieurs concessions. Il obtient notamment la reconnaissance des gouvernements communistes installés à Belgrade et Varsovie. Les Alliés prévoient de diviser l'Allemagne en quatre zones d'occupation.

Les ruines de Dresde après deux jours de bombardements alliés.

13 FÉVRIER

L'ARMÉE ROUGE À BUDAPEST

Hitler donne l'ordre aux SS de défendre par tous les moyens la capitale hongroise. Après des mois de farouche résistance, les nazis sont vaincus le 13 février 1945. Budapest retrouve la liberté.

13 - 14 FÉVRIER

BOMBARDEMENT DE DRESDE

Hitler choisit de conduire l'Allemagne à l'apocalypse. Il préfère sacrifier la population allemande plutôt que de reconnaître sa défaite. La ville de Dresde en subit très durement les conséquences. Les 13 et 14 février 1945, les avions britanniques et américains rasent entièrement la ville. Ce bombardement, l'un des plus meurtriers de la guerre, coûte la vie à plus de 50 000 personnes.

19 FÉVRIER

ATTAQUE À IWO JIMA

Pour continuer sa route vers le Japon, Nimitz fait débarquer ses hommes sur l'île fortifiée d'Iwo Jima le 19 février.

Les Alliés prennent le contrôle du pont de Remagen et franchissent le Rhin.

7 MARS

LES ALLIÉS FRANCHISSENT LE RHIN

Eisenhower décide d'engager la bataille finale contre l'Allemagne le 8 février 1945. Il confie à Montgomery et Patton le soin de franchir le Rhin. Par un ultime revirement tactique, Hitler a dégarni le front Ouest pour renforcer celui de l'Est. Les Allemands détruisent tous les ponts du Rhin, sauf un, le pont de Remagen. Le 7 mars, le général américain Hoge s'empare sans grande résistance de ce pont resté intact. La nouvelle de la prise du pont de Remagen provoque chez les soldats alliés l'espoir d'une fin rapide de la guerre. Plus rien ne s'oppose à l'entrée des Anglo-Américains en Allemagne.

9 MARS

LES JAPONAIS OCCUPENT L'INDOCHINE

Depuis 1940, les Japonais sont présents en Indochine mais laissent les autorités françaises gouverner. En 1944, ils attaquent les Français et prennent le pouvoir.

10 MARS

RAIDS AMÉRICAINS SUR TOKYO

Les Américains décident d'attaquer directement les villes japonaises. Dans la nuit du 9 au 10 mars 1945, Tokyo est la cible d'un raid aérien qui vise les usines d'armement. 120 000 personnes sont tuées.

Les soldats américains à la conquête de l'île d'Okinawa.

1ER AVRIL - 27 JUIN

BATAILLE D'OKINAWA

L'île d'Okinawa est le dernier rempart protégeant le territoire japonais de l'invasion américaine. Après plusieurs semaines d'intenses bombardements, les Américains débarquent sur l'île. C'est la plus grande opération amphibie depuis le début de la guerre du Pacifique. Étrangement, les Américains ne rencontrent aucune résistance à leur arrivée. En réalité, les Japonais se sont cachés dans le sud de l'île. Les combats, très meurtriers, durent jusqu'à la fin juin. Okinawa est prise par les Alliés.

Première rencontre des Américains et des Russes à Torgau sur un pont de l'Elbe.

12 AVRIL

MORT DE ROOSEVELT

Emporté par une hémorragie cérébrale, Roosevelt meurt peu de temps avant la capitulation allemande.

25 AVRIL

JONCTION DES ARMÉES

Avant de marcher sur Berlin, Eisenhower souhaite couper en deux l'armée allemande. Le 25 avril, les Américains et les Russes se rejoignent à Torgau, sur l'Elbe. L'encerclement de Berlin est total. Hitler et Goebbels se réfugient dans le bunker de la Chancellerie.

Les soldats alliés apprennent la mort de Hitler à la une du journal.

28 AVRIL
EXÉCUTION DE MUSSOLINI PAR DES RÉSISTANTS

En Italie, la remontée des Alliés vers le nord provoque la chute de la république de Salo. Le 28 avril, les partisans italiens capturent Mussolini et sa maîtresse, Clara Petacci, et les fusillent.

29 AVRIL
CAPITULATION ALLEMANDE EN ITALIE

Le lendemain, le général commandant l'armée allemande en Italie se résout à capituler. Un an après Rome, le nord de l'Italie est enfin libéré. Les partisans italiens pourchassent les criminels fascistes.

30 AVRIL
HITLER ET GOEBBELS SE SUICIDENT

Résolu à ne pas tomber vivant aux mains des Soviétiques, Hitler se suicide le 30 avril avec sa compagne, Eva Braun. Le lendemain, les époux Goebbels empoisonnent leurs six enfants puis se suicident.

Joukov et Montgomery (avec son béret) célèbrent leur victoire dans les rues de Berlin.

2 MAI
L'ARMÉE ROUGE ENTRE DANS BERLIN

Berlin est assiégée par les Soviétiques à partir du 26 avril. Le maréchal Joukov commande la dernière grande bataille de l'Armée rouge. Les troupes allemandes résistent pendant une semaine. Le 2 mai, deux jours après la mort de Hitler, les Soviétiques s'emparent du Reichstag. Berlin capitule. Le "Reich de mille ans" promis par Hitler est à l'agonie. Les Alliés sont sur le point de triompher du nazisme.

8 MAI FIN DE LA GUERRE EN EUROPE

Dönitz, le successeur de Hitler, essaie pendant plusieurs jours d'éviter une capitulation générale. Eisenhower exige au contraire que les Allemands reconnaissent leur défaite immédiatement. Le 8 mai, à 2 h 41 du matin, le général Jodl signe finalement à Reims la capitulation allemande. L'Europe entière fête la fin de la guerre. Le nazisme est vaincu.

La bombe lancée sur Nagasaki provoque un gigantesque champignon atomique.

26 JUILLET
CHURCHILL PERD LES ÉLECTIONS

Alors que la guerre continue contre le Japon, Churchill est obligé de convoquer des élections. La gauche travailliste lui a en effet retiré son soutien. Le 26 juillet, à la surprise générale, les résultats donnent Churchill et les conservateurs perdants. Celui qui a guidé l'Angleterre durant la guerre doit céder la place au travailliste Clement Atlee.

6 ET 9 AOÛT
BOMBES ATOMIQUES SUR HIROSHIMA ET NAGASAKI

Seul pays de l'Axe encore debout, le Japon refuse de capituler. Truman craint que la guerre ne s'éternise. Il dispose depuis le 16 juillet d'une nouvelle arme, la bombe atomique, inventée par les chercheurs du projet Manhattan. En août, il décide d'utiliser cette arme dévastatrice contre le Japon. Le 6, un avion américain lâche la bombe *Little Boy* sur la ville d'Hiroshima. L'explosion nucléaire tue 120 000 personnes sur le coup et en irradie des milliers d'autres. Face à l'intransigeance des chefs militaires japonais, une seconde bombe est lâchée sur Nagasaki le 9 août. Pour éviter la destruction complète du Japon, l'empereur Hirohito demande la fin des combats le 14 août.

La délégation japonaise vient signer la capitulation sur le Missouri.

2 SEPTEMBRE
LE JAPON CAPITULE

Les deux bombes atomiques ont eu raison de la résistance japonaise. Le 2 septembre, le général MacArthur reçoit la signature de la capitulation japonaise sur le pont du cuirassé *Missouri*. C'est la fin d'une guerre effroyable qui a causé la mort de près de 50 millions de personnes.

WINSTON CHURCHILL, *Premier ministre de Grande-Bretagne et véritable chef de guerre, fait le signe du V de la Victoire devant le 10, Downing Street.*

LES ACTEURS

Deux camps s'affrontent durant la Seconde Guerre mondiale. Les dirigeants alliés, civils et militaires, et les résistants s'engagent pour la défense de la liberté et de la démocratie contre l'oppression et la dictature nazies. Ceux qui restent neutres prennent le risque de laisser impunies les violences et les atrocités commises par les puissances de l'Axe.

LES DIRIGEANTS ALLIÉS

CHURCHILL, ROOSEVELT ET STALINE

Churchill met en garde les Européens contre le danger nazi dès les années 1930. Nommé Premier ministre britannique en mai 1940, il prévient ses compatriotes : "Je n'ai rien d'autre à offrir que du sang, de la sueur et des larmes." Roosevelt, président démocrate des États-Unis, tente de convaincre l'opinion américaine que son pays doit entrer dans la guerre. L'attaque sur Pearl Harbor (déc. 1941) lui donne raison. À la tête de deux grandes démocraties, Churchill et Roosevelt s'allient avec Staline, le chef de l'URSS totalitaire. D'abord complice de l'Allemagne, Staline change de camp avec l'invasion nazie de juin 1941. Réélu en 1944, Roosevelt meurt un mois avant la capitulation allemande, le 12 avril 1945.

TRUMAN

Vice-président de Roosevelt, Truman lui succède à sa mort en avril 1945. Après avoir rencontré Churchill et Staline à Potsdam, il prend la décision de lancer les bombes atomiques sur le Japon (août 1945). Il doit ensuite faire face à l'entrée des États-Unis dans la guerre froide. Réélu président en 1948, il quitte le pouvoir en 1952.

Staline, Roosevelt et Churchill se réunissent pour la première fois à Téhéran en novembre 1943, puis se retrouvent à Yalta en février 1945.

LES DIRIGEANTS DE LA RÉSISTANCE

DE GAULLE

Chef de la France libre, le général de Gaulle est resté dans l'histoire comme l'homme du 18 juin. Dans les années 1930, il a tenté en vain de convaincre ses supérieurs de moderniser l'armée en donnant plus de place aux chars. Sous-secrétaire d'État à la Défense nationale en 1940, il refuse l'armistice et part pour Londres d'où il lance son fameux appel sur les ondes de la BBC. À la tête de la France libre, il veut traiter d'égal à égal avec Roosevelt et Churchill. En 1943, de Gaulle s'installe à Alger et devient chef du Comité français de libération nationale. L'action de Jean Moulin en France lui permet d'être reconnu comme le chef légitime de la Résistance. À la Libération, il préside le gouvernement provisoire de la République. Il démissionne en 1946, avant de revenir au pouvoir en 1958 en pleine guerre d'Algérie.

DE GAULLE *passe en revue les premiers volontaires partis à Londres en juillet 1940.*

JEAN MOULIN

Préfet en 1940, arrêté par la Gestapo, Jean Moulin fuit à Londres pour rejoindre de Gaulle. Parachuté en France en 1942, il prend la tête de la Résistance sous le pseudonyme de "Max" et fonde le Conseil national de la Résistance. Il est trahi et arrêté à Caluire par les nazis. Il meurt après avoir été torturé. Il reste dans la mémoire française le symbole de la Résistance.

> « ENTRE ICI, JEAN MOULIN, AVEC TON TERRIBLE CORTÈGE. AVEC CEUX QUI SONT MORTS DANS LES CAVES SANS AVOIR PARLÉ, COMME TOI ; ET MÊME, CE QUI EST PEUT-ÊTRE PLUS ATROCE, EN AYANT PARLÉ ; AVEC TOUS LES RAYÉS ET TOUS LES TONDUS DES CAMPS DE CONCENTRATION. »
>
> *André Malraux, 19 déc. 1964*

LES CHEFS D'ÉTAT RÉFUGIÉS À LONDRES

Londres est pendant la guerre le refuge des chefs d'État européens en exil. La reine Wilhelmine de Hollande s'y installe avec les membres de son gouvernement. Elle enregistre des messages radiophoniques encourageant ses compatriotes à la résistance. Le gouvernement polonais du général Sikorski arrive à Londres après quelques mois passés en France en 1940. Le gouvernement belge les rejoint à l'automne, sans le roi Léopold III qui a décidé de rester à Bruxelles. Benes est reconnu président du gouvernement tchécoslovaque en exil en 1941. Enfin, les rois de Yougoslavie et de Grèce gagnent l'Angleterre après l'invasion de leur pays. Tous tentent d'aider les résistants restés sur le continent et utilisent les ondes de la BBC pour soutenir le moral de leurs concitoyens.

Tito dirige la lutte des résistants yougoslaves.

TITO

Tito joue un grand rôle dans l'activité illégale du Parti communiste yougoslave dans les années 1930. En 1936, il organise le passage vers l'Espagne des Brigades internationales puis devient secrétaire général du Parti communiste. Après l'invasion de l'URSS par l'Allemagne en juin 1941, il organise la guérilla permanente contre les nazis et devient le chef d'un gouvernement révolutionnaire. Soutenu par Staline, il est reconnu dès 1944 comme le représentant de la Yougoslavie.

LES NAZIS ET LES FASCISTES

HITLER

Adolf Hitler est le Führer du Troisième Reich. Né en Autriche, il se destine à une carrière de peintre, mais n'a aucun talent. Sa jeunesse à Vienne le plonge dans une atmosphère d'antisémitisme virulent. Simple caporal de l'armée allemande en 14-18, Hitler refuse la défaite dont il rend responsables les Juifs et les "traîtres". Leader du parti nazi en 1920, il tente un putsch à Münich en 1923 puis est envoyé en prison. Il y rédige *Mein Kampf*, son programme guerrier et raciste. À partir de 1933, Hitler, nommé chancelier, élimine tous ses opposants. Les Allemands voient en lui un "sauveur" et n'ont pas d'autre choix que de participer à son culte. Ses obsessions, la guerre contre le bolchevisme et l'extermination des Juifs, débouchent sur la guerre de 1939-1945. Commandant suprême des forces allemandes, Hitler conduit l'Allemagne à la catastrophe. Il se suicide dans son bunker le 30 avril 1945, laissant derrière lui six millions de Juifs exterminés dans les camps et une Europe ravagée.

Poignée de main entre Hitler et Himmler, les deux hommes forts du régime nazi. Ils se sont rencontrés dès les années 1920. Les SS de Himmler font régner la terreur nazie dans toute l'Europe.

HIMMLER

Himmler est le chef de la SS et l'un des dirigeants nazis les plus redoutés. Il est proche de Hitler dès les années 1920. La Nuit des Longs Couteaux et l'élimination des SA en 1934 donnent aux SS les pleins pouvoirs en matière de police. Himmler met alors en place le système concentrationnaire nazi. Pendant la guerre, il est en charge de l'occupation des pays vaincus et de la politique de germanisation de l'Europe. Surtout, il est responsable de l'organisation des camps d'extermination dans lesquels les Juifs sont victimes de la "Solution finale". Il se suicide le 21 mai 1945 en avalant une pilule de cyanure.

GOERING

Numéro deux du parti nazi, Hermann Goering est ministre de l'Économie dans les années 1930. Il est commandant en chef de la Luftwaffe pendant la guerre et maréchal du Reich.

Condamné à mort à Nuremberg, Goering se suicide avant d'être exécuté.

GOEBBELS

Goebbels est en charge de la propagande du régime nazi. "La propagande n'a rien à voir avec la vérité", répète-t-il souvent. Il fait croire jusqu'au bout aux Allemands que la victoire est possible. Il se suicide avec sa femme et ses six enfants le 1er mai 1945.

Goebbels est le grand architecte de la propagande nazie.

Mussolini parade en uniforme au pas de course.

MUSSOLINI

Le Duce plonge l'Italie dans la guerre aux côtés de l'Allemagne. Arrêté en 1943, il est libéré par les nazis qui créent pour lui la république fantoche de Salo. Il meurt fusillé puis pendu par la foule à Milan le 28 avril 1945.

Le général Tojo est le Premier ministre du Japon.

TOJO

Le général Tojo est l'allié de Hitler et de Mussolini, il lance son pays à la conquête de l'Asie. Il est pendu en 1948, après sa condamnation au procès de Tokyo comme criminel de guerre.

LES COMPLICES DES NAZIS

PÉTAIN

Lorsqu'il est appelé au pouvoir en juin 1940, le maréchal Pétain est âgé de 84 ans. Pour la plupart des Français, il est encore le héros de la bataille de Verdun de 1916. Lors de son passage au ministère de la Guerre en 1934, il a défendu la doctrine de la guerre défensive, une erreur stratégique que la France paie lourdement en 1940. Pétain s'empresse de signer l'armistice avec l'Allemagne le 22 juin. L'Assemblée nationale lui vote les pleins pouvoirs le 10 juillet sous les menaces de Pierre Laval. Très réactionnaire, le maréchal appelle de ses vœux une "Révolution nationale" fondée sur les valeurs "Travail, Famille, Patrie". Pétain incarne une France traditionaliste, hostile aux principes de la Révolution française de 1789 et antidémocrate. Pétain choisit de plus la collaboration active avec l'Allemagne dès l'entrevue de Montoire en octobre 1940. Il est condamné à mort en 1945, mais sa peine est commuée en prison à vie en raison de son grand âge. Il meurt en 1951 à l'île d'Yeu.

QUISLING

Quisling fonde le parti fasciste norvégien dans les années 1930. Il est en contact avec Hitler dès cette époque. Lorsque les nazis envahissent la Norvège en avril 1940, ils exigent que Quisling soit nommé Premier ministre. Le gouvernement norvégien est contraint de s'exiler à Londres. En 1942, Quisling accentue la nazification du pays, malgré l'opposition vigoureuse des Norvégiens. En 1945, il est condamné pour trahison et exécuté.

LAVAL

Plusieurs fois ministre dans les années 1930, Laval revient au pouvoir après la défaite de 1940. Vice-président du gouvernement de Vichy, il est favorable à la politique de collaboration et prépare l'entrevue de Montoire entre Pétain et Hitler. Éloigné, puis rappelé au gouvernement à la demande des Allemands en avril 1942, il cumule les fonctions de ministre de l'Intérieur, de l'Information et des Affaires étrangères. Il dit souhaiter "la victoire de l'Allemagne". Après avoir rejoint les membres du gouvernement de Vichy en Allemagne, à Sigmaringen, à la Libération, Laval est arrêté par les Américains qui le livrent aux autorités françaises. Il est condamné à mort et fusillé.

Pierre Laval et le maréchal Pétain côte à côte à Vichy en 1943. Les deux hommes ont engagé la France dans la politique de collaboration avec l'occupant allemand dès 1940.

L'Autrichien Seyss-Inquart en 1941.

SEYSS INQUART

Ce nazi autrichien, fervent défenseur de l'Anschluss, est nommé commissaire du Reich aux Pays-Bas en 1941. Il est responsable de la déportation de plus de 100 000 Juifs. Il est condamné puis exécuté à Nuremberg pour crime contre l'humanité.

ANTONESCU

Général roumain, Antonescu est à la tête du gouvernement de la "Garde de fer" jusqu'en 1940. Il force alors le roi à abdiquer et établit une dictature. Il s'allie avec les nazis et engage ses troupes lors de l'invasion de l'URSS. Il est condamné et exécuté pour crimes de guerre en 1946.

LES MOUVEMENTS FASCISTES EN EUROPE

Peu de pays ont été épargnés par l'influence du fascisme dans les années 1930. Dans chaque pays qu'ils occupent, les nazis peuvent s'appuyer sur des mouvements collaborateurs déjà actifs avant la guerre. En Belgique, les rexistes de Léon Degrelle forment la Légion wallonne et s'engagent comme Waffen-SS. En France, Doriot fonde la Légion des volontaires français contre le bolchevisme. En Europe de l'Est, les Croix-Fléchées (Hongrie) et la Garde de fer (Roumanie) militent dans leur pays en faveur de l'alliance avec les nazis. Plus au nord, les Allemands obtiennent l'aide des Lituaniens et des Lettons lors de l'invasion de l'URSS. Les polices baltes ont participé activement à l'extermination des Juifs sur le front de l'Est.

HORTHY

Nationaliste et autoritaire, l'amiral Horthy engage la Hongrie aux côtés de l'Allemagne en 1941. Conscient de la probable victoire des Alliés, il s'oppose à la déportation des Juifs de Hongrie. Les nazis l'emprisonnent en octobre 1944.

Le Hongrois Horthy entre en guerre contre l'URSS en 1941.

LES MILITAIRES ALLIÉS

Montgomery, à droite, montre à Churchill l'avancée des combats.

MONTGOMERY

Grâce à sa victoire sur Rommel à El-Alamein, "Monty" est le général britannique le plus connu. Il fait ensuite capituler les Italiens en Sicile. En juin 1944, il commande, sous l'autorité d'Eisenhower, les forces terrestres du débarquement de Normandie et conduit ses troupes jusqu'en Allemagne. Toujours coiffé de son béret, il jouit d'une forte popularité dans la presse britannique.

Après avoir mené l'Armée rouge de Varsovie à Berlin, Joukov reçoit la capitulation de la Wehrmacht.

JOUKOV

Joukov se distingue en 1941 en stoppant les offensives nazies sur Moscou et Leningrad. Méfiant dans un premier temps, Staline lui donne en août 1942 les pouvoirs de commandant suprême adjoint et le nomme maréchal. Aidé de Vasilevsky, Joukov écrase la 6e armée allemande à Stalingrad puis gagne la grande bataille de chars de Koursk (1943). Il prend la tête du front ukrainien. Il pousse la Wehrmacht à la retraite en 1944. Joukov lance la dernière grande offensive sur le territoire allemand en janvier 1945 et entre triomphalement dans Berlin le 2 mai.

PATTON

Ce général américain débarque au Maroc en novembre 1942 à la tête d'une division blindée. Il combat en Tunisie et en Sicile puis commande la 3e armée américaine, tenue en réserve lors du débarquement en Normandie. À sa tête, il exploite victorieusement la trouée d'Avranches et atteint Rennes le 4 août 1944. Il libère Orléans, Nancy (15 sept.), puis Metz (22 nov.). Après d'importants succès en mars 1945 près de Mayence, il franchit le Rhin le 22 mars.

Spécialiste des chars, Patton est très populaire, mais indiscipliné.

LECLERC

Philippe de Hauteclocque, dit "le maréchal Leclerc", rejoint de Gaulle à Londres en juin 1940. Il part en Afrique rallier les colonies à la France libre. Commandant militaire de l'Afrique-Équatoriale française, il participe à la campagne de Tunisie, puis, en juin 1944, au débarquement allié en Normandie. Il entre dans Paris à la tête de la 2e division blindée et reçoit la capitulation de la garnison allemande. Il libère ensuite Strasbourg en novembre 1944, puis reçoit pour la France, en Indochine, la capitulation du Japon. Il meurt en 1947 dans un accident d'avion.

Le maréchal Leclerc commande la 2e division blindée.

Le 9 juin 1944 en Grande-Bretagne, le général américain Eisenhower s'adresse aux soldats qui s'apprêtent à partir pour la Normandie.

NIMITZ

L'amiral Nimitz commande la flotte américaine du Pacifique après l'attaque de Pearl Harbor. Il remporte une victoire décisive à Midway en juin 1942. Avec l'aide de MacArthur, il obtient la capitulation du Japon en 1945.

MACARTHUR

Commandant en chef des forces alliées du Pacifique sud, il mène la contre-offensive contre les Japonais après l'attaque de Pearl Harbor. "Je reviendrai", dit-il après avoir dû quitter les Philippines en mars 1942. Il reprend en effet les îles Salomon, les Philippines, Manille et reçoit la reddition du Japon le 2 septembre 1945.

EISENHOWER

Dwight D. Eisenhower, général américain, est commandant suprême des Alliés en Europe. Il dirige l'opération *Torch*, en novembre 1942, puis le débarquement des Alliés en Sicile et en Italie en 1943. Mais c'est surtout la planification et la direction de l'opération *Overlord* (le débarquement en Normandie du 6 juin 1944) qui fondent sa réputation. "Ike", comme on le surnomme, prend la tête de la zone d'occupation américaine en Allemagne en mai 1945. Après la guerre, il est élu à deux reprises président des Etats-Unis en 1952 et 1956.

LES MILITAIRES DE L'AXE

Rommel et ses hommes de l'Afrikakorps dans le désert libyen.

YAMAMOTO

Yamamoto étudie une carte en vue d'une offensive.

Vice-ministre de la marine japonaise, Isoroku Yamamoto devient en 1939 le chef des forces aéronavales de combat. Il dirige l'attaque sur Pearl Harbor en 1941, puis multiplie les victoires maritimes dans le Pacifique. Il est vaincu pour la première fois par les Américains lors de la bataille de Midway (juin 1942). Son avion est abattu lors de la bataille des îles Salomon.

ROMMEL

Erwin Rommel, surnommé le "renard du désert", est le commandant de l'Afrikakorps. Après s'être distingué lors des campagnes de Pologne et de France, il est envoyé par Hitler en Afrique du Nord en février 1941. En quelques mois, ses troupes repoussent les Britanniques de la Libye vers l'Égypte. Rommel est promu maréchal en juin 1942. Peu après, la défaite d'El-Alamein marque le début de la retraite de l'*Afrika-korps*. Revenu en Allemagne en 1943, Rommel est chargé de la défense de la Normandie lors du débarquement. Sérieusement blessé, il est ensuite compromis dans l'attentat commis contre Hitler en juillet 1944. Les nazis le poussent au suicide le 14 octobre.

LA WEHRMACHT

Sur terre, l'armée allemande remporte de foudroyants succès en Pologne et en France sous le commandement du général Guderian. L'armée de l'air, la Luftwaffe, est entre les mains du maréchal du Reich Goering. Dans le Pacifique, l'amiral Dönitz dirige la flotte des *U-Boote*. La Wehrmacht n'a jamais été entièrement soumise aux nazis. En juillet 1944, ce sont de hauts officiers qui ont tenté, en vain, d'assassiner Hitler.

PAULUS

Paulus perd la bataille de Stalingrad en 1943.

Friedrich Paulus commande la 6e armée allemande lors de la bataille de Stalingrad. Il mène à l'été 1942 une grande offensive qui lui donne le contrôle de la ville. Pendant l'hiver, ses troupes sont encerclées par l'Armée rouge. Paulus se rend avec ses 91 000 hommes le 2 février 1943. Emprisonné en URSS, il adresse en 1944 un appel au peuple allemand contre Hitler.

LES NEUTRES

Le général Franco ne s'engage pas dans la guerre.

FRANCO ET SALAZAR

Le général Franco est dès 1936 à la tête du coup d'État visant à renverser la République espagnole. Il sort vainqueur de la guerre civile en 1939 avec l'aide des nazis et des fascistes. Devenu le Caudillo (le "chef"), il refuse d'engager l'Espagne dévastée dans une guerre aux côtés de l'Axe. Cette neutralité sauve sa dictature, qu'il maintient jusqu'à sa mort en 1975. Au Portugal, le dictateur Salazar, arrivé au pouvoir en 1934, choisit lui aussi de rester hors de la guerre.

LA CROIX-ROUGE

La Croix-Rouge a été fondée en 1863 à Genève par Henri Dunant. Sa mission est de protéger les prisonniers et les civils en temps de guerre. Dès 1939, les équipes du CICR (Comité international de la Croix-Rouge) s'occupent des prisonniers : elles transmettent le courrier et procèdent au rapatriement des malades et des blessés. Les délégués du CICR font de nombreuses visites d'inspection dans les camps d'internement. En revanche, le CICR n'a rien pu faire pour les Juifs. Les dirigeants de la Croix-Rouge allemande sont pro-nazis. Le camp-ghetto de Terezin (Theresienstadt), près de Prague, qui servait de "vitrine" aux nazis, est le seul camp de concentration visité par les délégués de la Croix-Rouge. Les nazis font croire aux inspecteurs que les Juifs sont bien traités

PIE XII

Le cardinal Eugenio Pacelli est élu pape en 1939 sous le nom de Pie XII. Très anticommuniste et soucieux de protéger les fidèles catholiques, il choisit de rester neutre. Ses appels à la paix sont sans effet. Son attitude vis-à-vis du génocide juif a terni l'image de l'Église. Pie XII est resté silencieux alors que de nombreuses personnes l'avaient informé de ce qui se passait dans les camps nazis. Ce silence est une page sombre de l'histoire de l'Église catholique.

LES PAYS NEUTRES EN EUROPE

En Europe, seuls cinq pays sont restés neutres pendant la guerre : l'Espagne, le Portugal, la Suède, l'Irlande et la Suisse. Les Suédois ont eu beaucoup de mal à maintenir leur neutralité, notamment lors des combats de 1940 en Scandinavie. En 1943, la Suède accueille des réfugiés juifs venus du Danemark et de la Norvège, pays occupés par les nazis. L'Irlande annonce sa neutralité dès 1939. Les Britanniques, qui auraient voulu utiliser les ports irlandais, regrettent vivement cette décision. La presse de Londres critique l'attitude du leader irlandais, Eamon de Valera, pendant toute la guerre. Enfin, la Suisse reste fidèle à sa tradition de neutralité. Pourtant, les banques suisses ont joué un rôle évident dans la spoliation des biens des Juifs d'Europe.

À LONDRES, EN 1940, *des femmes et des enfants fuient pour se mettre à l'abri. La capitale anglaise est bombardée par les Allemands à partir de septembre 1940. Le Blitz fait 43 000 victimes.*

LES PAYS DANS LA GUERRE

La Seconde Guerre mondiale n'a pas seulement opposé des soldats. Elle a aussi touché les populations civiles et modifié leur vie quotidienne. L'occupation de l'Europe par les nazis a causé la mort de millions d'individus. Dans les pays restés libres, c'est toute la société qui vit et se mobilise pour la guerre. Les femmes, les enfants, les ouvriers participent à leur manière à la "guerre totale".

LA PROPAGANDE *des dictatures*

LE CULTE DU CHEF

L'Italie fasciste et l'Allemagne nazie utilisent les médias (presse, radio, cinéma), les arts (photographie, peinture, sculpture, musique) et les divertissements (sports, spectacles) pour diffuser leur idéologie dans la société. Le totalitarisme a besoin de la propagande pour contrôler les citoyens et donner une image positive de son action.

Hitler s'inspire des mises en scène fascistes pour soigner sa propre image. Il travaille comme un acteur ses gestes, ses mimiques et ses intonations. La propagande doit renforcer le culte du chef en jouant sur l'émotion des spectateurs.

Les congrès de Nuremberg rassemblent des milliers de participants autour du Führer et des dirigeants nazis. Ces spectacles politiques veulent donner l'illusion d'un peuple uni autour de son chef (Ein Volk, Ein Reich, Ein Führer).

LE DUCE

Avec Mussolini, dans les années 1920, la politique devient spectacle. Les photographies et les actualités cinématographiques montrent le Duce fort, sûr de lui et de son pouvoir, proche du peuple. On le présente haranguant la foule, moissonnant pour lancer la "bataille du blé", paradant en uniforme pour exhiber sa force.

Les jeunes fascistes forment un M géant pour accueillir Mussolini en 1939.

LE CONTRÔLE DE L'INFORMATION

Dans les régimes totalitaires, aucune expression libre n'est possible. Le pouvoir contrôle d'une main de fer tous les médias et tous les arts. Seule l'idéologie officielle a droit de cité. Les journaux ne donnent que les informations autorisées par le pouvoir. Les discours de Hitler et de Mussolini sont retransmis sur toutes les radios et pénètrent dans chaque foyer. Personne ne peut s'exprimer publiquement contre les dirigeants.

L'ART AU SERVICE DU POUVOIR

Prêt au combat, sculpture nazie d'Arno Breker, 1939.

À la censure s'ajoute la promotion d'un art officiel. Les artistes officiels acceptent de mettre leurs œuvres au service du pouvoir. Ils prennent souvent la place d'artistes juifs ou communistes chassés par les nazis.

En Allemagne comme en Italie, le cinéma glorifie le régime. La cinéaste Leni Riefenstahl tourne *le Triomphe de la volonté* en 1935 et *les Dieux du stade* lors des jeux Olympiques de Berlin de 1936 : ces deux films veulent montrer la supériorité de l'homme aryen. En Italie, des films historiques rappellent la grandeur de Rome sous l'Antiquité.

Leni Riefenstahl filme les athlètes lors des jeux Olympiques de Berlin en 1936 pour son film les **Dieux du stade.**

L'URSS stalinienne, autre régime totalitaire, impose aussi un art officiel. En peinture, les artistes sont tenus d'appliquer les principes du "réalisme socialiste". Le cinéaste Sergueï Eisenstein met en scène dans ses films le triomphe de la révolution bolchevique (*le Cuirassé Potemkine*, *Octobre*) et la grandeur du peuple russe (*Ivan le Terrible*).

LA CENSURE ET L'INTERDICTION DES ARTS "DÉGÉNÉRÉS"

Les nazis interdisent dès 1933 tout art qui ne répond pas aux codes de l'art officiel. La peinture de Picasso, de Kandinsky, la musique de Mahler, les romans et le théâtre (Brecht), surtout s'ils sont l'œuvre d'auteurs d'origine juive, sont déclarés "art dégénéré". Les livres interdits sont brûlés lors d'autodafés. Beaucoup d'artistes et d'intellectuels allemands sont contraints de fuir à l'étranger.

LA PROPAGANDE pendant la guerre

LA PROPAGANDE PENDANT LA GUERRE

La propagande des régimes totalitaires se renforce encore pendant la guerre. La dénonciation de l'ennemi et de ses crimes supposés est martelée sans relâche dans les journaux, à la radio et sur les affiches collées sur les murs des villes. Hitler et les nazis essaient de convaincre les Allemands que les Juifs et les bolcheviques préparent un complot mondial contre l'Allemagne.
À partir de 1943, les journaux et les radios nazis cachent aux Allemands les défaites de la Wehrmacht. La désinformation tente en vain de maintenir intact le moral des Allemands. Des chansons populaires (*Lily Marlene*) et des spectacles sont censés atténuer les douleurs de la guerre.

D'après les nazis, la défaite est un mensonge des Alliés.

PROPAGANDE ANTISÉMITE

Avec les victoires de l'Allemagne nazie, la propagande antisémite est étendue aux pays occupés. En France, une exposition raciste sur les Juifs est présentée à Paris et en province. Les journaux de la collaboration (Gringoire, Je suis partout) ***publient des caricatures injurieuses et humiliantes pour mettre en images leur antisémitisme. Des écrivains réputés (Céline) rédigent des pamphlets d'une violence et d'une bassesse inouïes contre les Juifs, les protestants et les francs-maçons.***

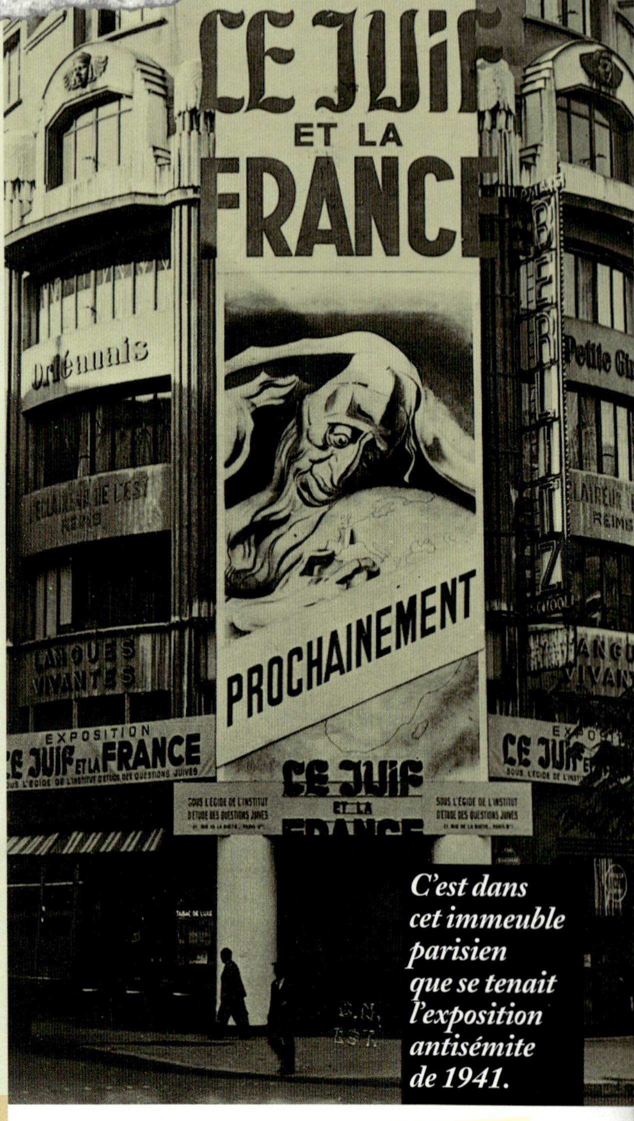

C'est dans cet immeuble parisien que se tenait l'exposition antisémite de 1941.

L'actrice Marlene Dietrich entourée de soldats américains joyeux au moment de la Libération.

LA RÉSISTANCE DES INTELLECTUELS ET DES ARTISTES

Fort heureusement, tous les artistes ne participent pas à la propagande nazie. En France, Aragon, Vercors et bien d'autres sont à la tête d'une résistance intellectuelle et littéraire. Dès 1937, Pablo Picasso a dénoncé dans son célèbre tableau Guernica ***la barbarie nazie lors de la guerre d'Espagne. Depuis New York où ils ont fui, des intellectuels européens aident les services américains de propagande.***

Le "castor canadien" encourage à produire pour vaincre Hitler.

LES ALLIÉS ET LA PROPAGANDE

Dans tous les pays alliés, la propagande essaie d'unir les citoyens contre l'ennemi nazi. En URSS, les affiches appellent à défendre la patrie, symbolisée par une femme, contre l'envahisseur nazi, représenté sous les traits d'une bête immonde. Aux États-Unis, les affiches incitent les citoyens à soutenir l'effort de guerre : en économisant la nourriture et l'énergie, en prêtant de l'argent au gouvernement. Les émissions de radio permettent d'informer les citoyens directement chez eux. La France libre émet quotidiennement depuis Londres sur les antennes de la BBC anglaise. Les Français restés en métropole peuvent ainsi écouter en cachette les nouvelles de la Résistance. L'auteur allemand Thomas Mann enregistre toutes les semaines une émission de radio dans laquelle il appelle les Allemands à retirer leur soutien aux nazis. Alliés et nazis se livrent à une "guerre des ondes" pour le contrôle des informations radiophoniques.

Hynkel (assis) et Napaloni (à droite), les caricatures de Hitler et de Mussolini dans le Dictateur.

HOLLYWOOD AU SECOURS DU MORAL DES ALLIÉS

Le cinéma américain soutient l'effort de guerre des Alliés. Plusieurs films traitent de la guerre sur un mode comique. Dans *le Dictateur*, Charlie Chaplin tourne Hitler et Mussolini en ridicule, et livre un vibrant plaidoyer pour la paix et la démocratie. Ernst Lubitsch, cinéaste juif allemand réfugié aux États-Unis, se moque lui aussi des nazis dans son chef-d'œuvre comique *To be or not to be*.

LA GRANDE-BRETAGNE DANS LA GUERRE

LA REINE ELISABETH ET LE ROI GEORGES VI *inspectent les dommages causés par le bombardement de Buckingham Palace, leur résidence royale à Londres, le 11 septembre 1940. La famille royale a joué un rôle de réconfort tandis que le Premier ministre Churchill prenait la direction des opérations de guerre.*

SOUS LES BOMBES NAZIES

Bien qu'elle soit le seul pays d'Europe à n'avoir pas été envahi par les Allemands, la Grande-Bretagne a dû subir les bombardements quotidiens des avions nazis d'août 1940 à mai 1941. Le Blitz, nom que l'on donne à ces attaques, a provoqué la mort de 43 000 civils. Pendant plus d'un an, les Anglais se battent seuls contre les nazis. L'entrée en guerre de l'Allemagne contre l'URSS et les États-Unis en 1941 desserre l'étreinte qui pèse sur le royaume de Sa Majesté. Pourtant, en 1944, Londres est de nouveau la cible des nazis. Ce sont cette fois-ci les fusées V1 et V2, inventées pendant la guerre, qui causent de lourds dégâts dans les villes anglaises.

ALERTE ! TOUS AUX ABRIS !

Les habitants des villes se sont habitués à vivre avec la menace quotidienne des attaques aériennes. Dès que les sirènes retentissent, les Londoniens se réfugient dans les couloirs du métro pour se mettre à l'abri. Les bombardements ont lieu plusieurs fois par jour, mais aussi la nuit. Le couvre-feu est total pour éviter de donner des repères aux pilotes nazis. À Coventry, 380 personnes sont tuées par les bombes allemandes dans la nuit du 14 au 15 novembre 1940.

LE RATIONNEMENT ALIMENTAIRE

Tous les Anglais doivent faire des efforts pour économiser les vivres et les matières premières. Dès 1940, des tickets de rationnement sont exigés pour l'achat de sucre, de viande, de bacon, de thé et de beurre. Les vêtements sont eux aussi rationnés à partir de 1942. Ces restrictions perdurent jusqu'en 1951.

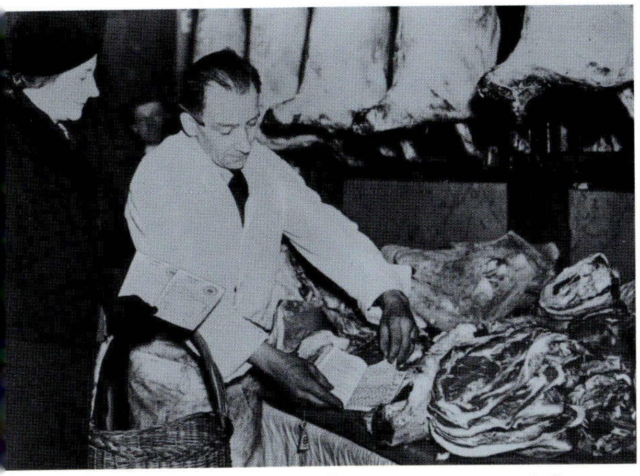

Une femme anglaise présente son ticket de rationnement pour acheter de la viande.

L'ARMÉE BRITANNIQUE

Par tradition, la Grande-Bretagne n'a jamais eu de service militaire obligatoire. Les coups de force nazis de 1938 ont cependant convaincu les autorités anglaises d'instaurer une conscription partielle en avril 1939. Pendant la guerre, une mobilisation militaire sans précédent est organisée. En 1944, ce sont près de 4,5 millions d'hommes qui combattent dans l'armée de terre, la Royal Air Force et la Royal Navy. Il faut leur ajouter 500 000 femmes engagées dans les services auxiliaires de l'armée.

Comme en 1914-1918, les femmes britanniques ont soutenu l'effort de guerre en travaillant dans les usines.

LES FEMMES FONT TOURNER LES USINES

Le départ à la guerre des hommes en âge de travailler oblige à trouver une autre main-d'œuvre. Les femmes sont appelées à travailler dans les usines d'armement pour remplacer leurs maris et leurs frères. En 1944, les femmes représentent la moitié des effectifs ouvriers de l'industrie. C'est grâce à leur participation que l'effort de guerre de la Grande-Bretagne a pu être un succès.

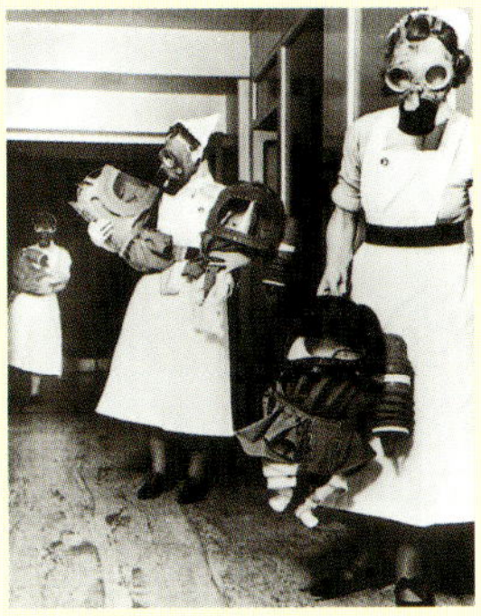

LA DÉFENSE CIVILE
Des milliers de volontaires s'engagent dans les services de la défense civile. Ils montrent aux civils comment se protéger des bombardements et s'occupent de les conduire aux abris lorsque des alertes sont annoncées. De nombreux décès sont évités grâce à eux. Ici, des infirmières et des bébés portent des masques qu'on leur a distribués pour se protéger des fumées et des explosions.

"Tous ensemble", affiche présentant l'unité de l'Empire derrière les Britanniques.

L'AIDE DE L'EMPIRE

La Grande-Bretagne a pu compter sur le soutien de son empire, le Commonwealth. Les soldats australiens, néo-zélandais et indiens se sont battus en Europe et dans le Pacifique. En 1945, les colonies, et notamment l'Inde, réclament leur indépendance en guise de remerciement.

LES OUVRIÈRES DE CETTE USINE *fabriquent des masques à gaz. En haut à droite, le personnel surveillant est exclusivement masculin. La guerre a permis aux femmes de travailler et de s'émanciper, mais la domination des hommes ne s'est pas atténuée.*

L'ARSENAL DES DÉMOCRATIES

Dès le vote de la loi prêt-bail en mars 1941, les États-Unis fournissent à la Grande-Bretagne et à l'URSS une très grande part de leurs munitions et de leur matériel de guerre. Après l'attaque sur Pearl Harbor, Roosevelt déclare une mobilisation économique générale. Il se fixe l'objectif, jugé irréaliste par tous, de produire 50 000 avions. 300 000 seront finalement construits. Les femmes font tourner les usines. Les habitants des campagnes viennent s'installer dans les grandes villes du nord-est du pays pour y travailler. Après dix années de crise économique, la guerre permet aux États-Unis de retrouver le rang de première puissance économique mondiale.

SOUTENIR L'EFFORT DE GUERRE

Le gouvernement américain incite tous les Américains à soutenir l'effort de guerre. Un bureau spécial est créé pour informer les citoyens sur la façon dont ils peuvent participer à la victoire des États-Unis. Des affiches, des messages lus à la radio et des films d'actualités montrent comment faire des économies d'énergie. L'État lance de grandes campagnes d'emprunt auprès des Américains. La menace japonaise unit le pays derrière Roosevelt, réélu pour un quatrième mandat en 1944.

Affiche appelant les Américains à financer la construction de navires.

L'INTERNEMENT DES "AMÉRICAINS-JAPONAIS"

L'opinion publique est très méfiante vis-à-vis des citoyens américains d'origine japonaise, nombreux sur la côte ouest. On les soupçonne, à tort, d'être déloyaux et de soutenir secrètement le Japon. En 1942, Roosevelt ordonne leur enfermement dans des camps. 110 000 Américains d'origine japonaise sont obligés d'abandonner leur travail. Il faudra attendre les années 1990 pour que les victimes du racisme antijaponais soient dédommagées.

UN REFUGE POUR LES JUIFS D'EUROPE

Albert Einstein prête serment le 1er octobre 1940 pour obtenir la nationalité américaine.

Dès les années 1930, les intellectuels juifs menacés par le nazisme se réfugient aux États-Unis. Albert Einstein, prix Nobel de physique, informe Roosevelt des recherches faites par les nazis pour créer une nouvelle bombe. Le président lance alors le projet Manhattan dont le but est de produire l'arme atomique avant les Allemands. En 1945, Einstein tente en vain de dissuader Truman d'utiliser la bombe contre le Japon.

Des soldats noirs de l'armée américaine défilent en 1942 dans l'Illinois.

LA CULTURE AMÉRICAINE ET LA GUERRE

La culture américaine s'est mise au service de la défense de la liberté. Le cinéma dénonce les crimes du nazisme, comme par exemple dans le chef-d'œuvre de Charlie Chaplin* le Dictateur. *Les orchestres de jazz se produisent devant les soldats américains. Le jazz devient le symbole de la culture américaine triomphante.

LES NOIRS AMÉRICAINS SOUS LES DRAPEAUX

Malgré l'abolition de l'esclavage en 1865, les États-Unis restent marqués par une forte ségrégation entre les Blancs et les Noirs. Le climat d'unité nationale créé par la guerre améliore un peu la situation des Noirs. Ces derniers s'engagent dans l'armée et trouvent du travail dans les grandes villes du nord-est du pays. Les Noirs n'ont cependant pas les mêmes droits que les Blancs. Une émeute est sévèrement réprimée à Detroit en 1943, faisant 34 morts parmi les manifestants noirs. La lutte pour l'égalité civique aura lieu surtout dans les années 1950 autour de la figure de Martin Luther King.

« JE DIS À TOUS CEUX QUI M'ENTENDENT : NE DÉSESPÉREZ PAS ! LE MALHEUR QUI EST SUR NOUS N'EST QUE LE PRODUIT ÉPHÉMÈRE DE L'HABILITÉ, DE L'AMERTUME DE CEUX QUI ONT PEUR DES PROGRÈS QU'ACCOMPLIT L'HUMANITÉ. [...] ET, TANT QUE DES HOMMES MOURRONT POUR ELLE, LA LIBERTÉ NE POURRA PAS PÉRIR. »

Discours de Charlie Chaplin clôturant le film le Dictateur *(réalisé en 1939-1940).*

LA "GRANDE GUERRE PATRIOTIQUE"

La signature du pacte germano-soviétique le 23 août 1939 suscite l'indignation de tous les Européens. Staline s'allie avec Hitler pour s'emparer d'une partie de la Pologne, puis de la Finlande et des pays Baltes. L'URSS rejoint le camp allié au moment de l'invasion de son territoire par la Wehrmacht le 22 juin 1941. Staline appelle tous les Soviétiques à s'unir derrière lui pour mener la "Grande Guerre patriotique". Il se présente comme le rassembleur de la nation et abandonne pour un temps l'idéologie communiste au profit d'un discours nationaliste. Même l'Église orthodoxe est appelée en renfort pour donner à la guerre une dimension religieuse.

LA GUERRE A RENFORCÉ LE CULTE DE STALINE.
À peine sortie du climat de terreur des purges des années 1930, l'URSS retrouve un semblant d'unité dans la guerre contre l'occupant nazi. Sur cette affiche de propagande, la foule brandit des portraits de Lénine et de Staline et acclame le chef de l'URSS, désormais surnommé le "petit père des peuples".

Les soldats soviétiques capturés par la Wehrmacht sont détenus dans des camps.

5 MILLIONS DE PRISONNIERS SOVIÉTIQUES

Le déclenchement de l'opération Barbarossa, en juin 1941, provoque la débandade de l'Armée rouge. 3 millions de soldats sont faits prisonniers dès le début de la guerre, puis 2 autres millions jusqu'en 1945. Les Allemands les regroupent dans des camps. Plus de la moitié meurt du froid, du typhus ou des violences commises par les nazis. À la libération, le régime soviétique accuse les survivants d'avoir trahi leur patrie.

RÉSISTANCE ET COLLABORATION

Face à la désorganisation de l'Armée rouge en 1941, des paysans forment des groupes de partisans autonomes qui luttent contre les nazis. Le pouvoir soviétique reconnaît le rôle positif des partisans, mais se méfie de leur indépendance. L'avancée de

Les partisans soviétiques ont commis des milliers de sabotages sur les voies ferrées.

la Wehrmacht a par ailleurs suscité des mouvements de collaboration. Les populations d'Ukraine et des pays Baltes ont profité de l'invasion allemande pour se soulever contre le régime soviétique. Les Baltes ont participé à l'extermination des Juifs. Un ancien général de l'Armée rouge, Vlassov, a même combattu aux côtés de la Wehrmacht contre l'URSS.

« CAMARADES ! CITOYENS ! FRÈRES ET SŒURS ! [...] CETTE GUERRE DU PEUPLE POUR LE SALUT DE LA PATRIE, CONTRE LES OPPRESSEURS FASCISTES, N'A PAS SEULEMENT POUR OBJET DE SUPPRIMER LE DANGER QUI PÈSE SUR NOTRE PAYS, MAIS ENCORE D'AIDER TOUS LES PEUPLES D'EUROPE QUI GÉMISSENT SOUS LE JOUG DU FASCISME ALLEMAND. »

Appel de Staline radiodiffusé le 3 juillet 1941.

Les usines sont démontées et transportées sur des trains avant d'être remontées dans des régions à l'abri des combats.

LA PROPAGANDE PAR L'AFFICHE

Les affiches de propagande soviétique dénoncent les crimes commis par les nazis dans les régions occupées. Sur celle-ci est représentée une jeune résistante de 18 ans pendue par les nazis. L'affiche appelle les Soviétiques à "tuer le monstre fasciste". La représentation de l'ennemi sous la forme d'une bête est l'un des procédés les plus fréquents de la propagande de guerre.

LE DÉMÉNAGEMENT DES USINES

En 1941, la plupart des usines soviétiques se trouvent à l'ouest du pays. Dans l'urgence, les autorités décident d'évacuer les usines et la main-d'œuvre vers les régions de l'Est pour éviter qu'elles ne tombent aux mains des nazis. 2 600 usines sont démontées, transportées et réinstallées à l'Est entre juin et décembre 1941. Le transfert de l'usine d'acier de Zaporozhe a par exemple nécessité 5 500 ouvriers et 8 000 wagons.

LE GOULAG

Malgré l'unité nationale affichée, la répression menée par Staline contre la population ne faiblit pas. La déportation des opposants vers les camps de Sibérie reprend en 1944. Les peuples soupçonnés de collaboration, les Tchétchènes par exemple, sont déportés collectivement.

Les opposants au régime soviétique sont envoyés au goulag en Sibérie.

L'ÉTAT FRANÇAIS

Vichy : un régime réactionnaire

La ligne de démarcation à Moulins en 1943.

LA FRANCE COUPÉE EN DEUX

Après l'armistice, la France est coupée en deux. La zone nord, y compris Paris, est occupée par les Allemands. La zone sud reste libre. Le pouvoir y est détenu par les autorités françaises jusqu'en novembre 1942. Le maréchal Pétain et son gouvernement s'installent à Vichy, en zone sud.

LA HAINE DE LA RÉPUBLIQUE

Le régime de Vichy regroupe des hommes d'extrême droite et de droite, et quelques hommes de gauche. Son idéologie est réactionnaire, antilibérale et catholique. Vichy souhaite prendre une revanche sur la République et le Front populaire. La gauche, les Juifs, les protestants, les francs-maçons sont rendus responsables de la défaite et de tous les maux de la société.

Affiche de propagande pour la Révolution nationale du gouvernement de Vichy.

Le régime de Vichy est bâti sur le culte du maréchal Pétain.

Les pétainistes veulent engager une réaction à travers le programme de la Révolution nationale. La doctrine de Vichy se résume dans la devise "Travail, Famille, Patrie". L'autorité doit régner partout : l'autorité du maréchal Pétain sur les Français, celle des patrons sur les ouvriers, des parents sur les enfants, des hommes sur les femmes. L'Église apporte son soutien à ce programme. La démocratie, les partis, les syndicats, les journaux libres sont interdits.

LES CRIMES D'UN ÉTAT POLICIER

Vichy a mis en place un État policier. La police française traque l'"Anti-France" : les Juifs, les protestants, les francs-maçons, les communistes sont persécutés. Les autorités de Vichy aident les Allemands à lutter contre la Résistance intérieure. En 1943 est créée la Milice. Cet organe de répression pourchasse les résistants et les Juifs. Les exécutions sommaires se multiplient. Unis derrière la figure du maréchal Pétain, les miliciens transforment le régime de Vichy en une très violente dictature.

LA COLLABORATION AVEC LES NAZIS

Vichy choisit de collaborer avec l'Allemagne. Pétain, Laval et les collaborateurs parisiens s'allient à Hitler. Beaucoup le font parce qu'ils détestent la gauche, la démocratie et l'URSS. La politique de collaboration prend forme le 24 octobre 1940 à l'occasion de la rencontre entre Pétain et Hitler à Montoire. La collaboration atteint son sommet en 1942-1943. Vichy accepte de faire travailler des Français dans les usines allemandes : c'est le Service du travail obligatoire (STO). Ceux qui refusent de travailler pour les nazis sont pourchassés. Vichy reste jusqu'en 1944 l'allié fidèle des nazis. Malgré l'imminence de la défaite allemande, des Français pro-nazis s'engagent dans la Légion des volontaires français (LVF) pour combattre dans les rangs de la Wehrmacht. À la Libération, Pétain et ses fidèles se réfugient en Allemagne avant d'être arrêtés puis jugés.

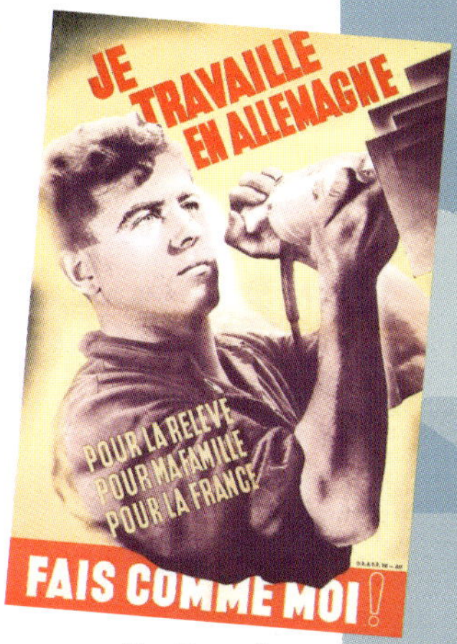

Le Service du travail obligatoire, créé en 1943, est très impopulaire.

LA PERSÉCUTION ET LA DÉPORTATION DES JUIFS

Très antisémite, le régime de Vichy a aidé les nazis dans leur politique d'extermination du peuple juif. Le gouvernement du maréchal Pétain promulgue deux statuts discriminatoires contre les Juifs le 3 octobre 1940 et le 2 juin 1941. Les Juifs sont exclus de très nombreux métiers et sont obligés de se faire recenser. Le 16 juillet 1942, la police française organise la rafle du Vél'd'Hiv'. En tout, 76 000 Juifs de France sont déportés en Pologne après être passés par les camps de transit de Drancy, Beaune et Pithiviers.

Avant d'être déportés, les Juifs français sont enfermés dans des camps de transit, comme celui de Drancy.

LA RÉSISTANCE
à Londres et en France

DE GAULLE

Refusant l'armistice, le général de Gaulle lance, de Londres, le 18 juin, un appel à la résistance. Il prend la tête de la France libre, qui organise les Forces françaises libres (FFL). Ces soldats aident à la Libération de la France. Les Forces françaises de l'intérieur (FFI) participent, elles, à la libération de Paris. La France libre s'est aussi efforcée de travailler avec des résistants restés en France. Jean Moulin est parachuté en France fin 1942 pour unir la France libre et la Résistance intérieure.

LA RÉSISTANCE INTÉRIEURE

D'autres ont décidé de rester en France et de lutter directement contre les nazis. Les résistants sont obligés d'agir dans la clandestinité. Ils changent souvent d'identité et doivent se cacher pour ne pas être arrêtés. Les réseaux mènent des actions militaires contre les occupants. Ils sabotent les voies de chemin de fer, font exploser les ponts, attaquent les troupes allemandes. Les mouvements agissent, eux, sur l'opinion : ils publient des journaux clandestins, distribuent des tracts, organisent des filières pour protéger les Juifs persécutés.
Les mouvements Libération-Nord, Libération-Sud, Combat, les Francs-tireurs partisans (FTP, communistes) regroupent les résistants. Des Français venus d'ailleurs, suspectés par Vichy, forment la MOI (Main-d'œuvre immigrée). Tous défendent une certaine idée de la France, opposée en tout point à celle de Vichy.

La Résistance a tenté de protéger les Juifs. Les enfants d'Izieu ont vécu cachés jusqu'à leur arrestation et leur déportation en avril 1944.

Les résistants sabotent les voies de chemin de fer.

LES FEMMES DANS LA RÉSISTANCE

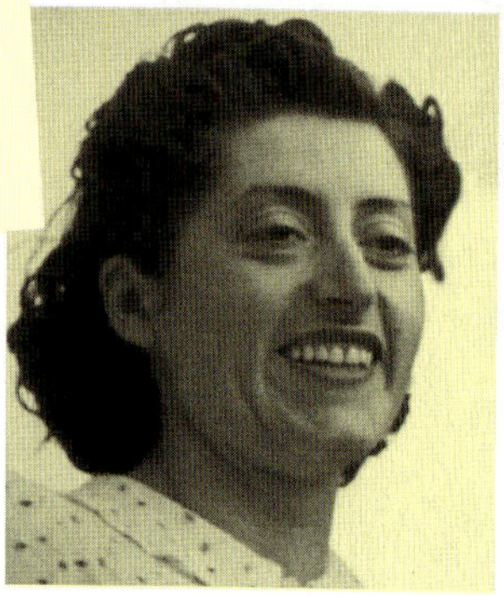

Les femmes aussi entrent en résistance. Leur action est moins militaire, mais tout aussi risquée. Lucie Aubrac (ci-contre) aide son mari Raymond Aubrac à s'échapper de prison à deux reprises. Ce sont souvent les femmes qui font passer les messages. La communiste Danielle Casanova dirige un groupe de FTP. Elle est arrêtée et meurt à Auschwitz en 1943.

L'affiche rouge dénonçant les résistants d'origine étrangère condamnés à mort.

AU SACRIFICE DE LEUR VIE

Les hommes et les femmes de la Résistance ont payé leur engagement de leur vie. Beaucoup sont morts en martyrs sous la torture nazie ou les balles de la Milice. Jean Moulin est mort en juin 1943 après avoir été trahi et arrêté par les hommes de Klaus Barbie. Pierre Brossolette a préféré se jeter d'une fenêtre plutôt que de dévoiler les noms de ses camarades. L'historien Marc Bloch a été fusillé par les Allemands en 1944.
Les résistants se cachent dans les maquis (Vercors, Limousin). Les nazis les poursuivent et font de nombreuses victimes.

L'HONNEUR DE LA FRANCE

Tous les résistants savent qu'ils mettent leur vie en danger. Leur sacrifice a sauvé l'honneur de la France.
En mai 1943, les divers mouvements se sont unis dans le CNR (Conseil national de la Résistance).
Son programme est à l'origine des grandes réformes économiques et sociales de la Libération.
La France libre de de Gaulle et le CNR ont agi ensemble pour redonner à la France un gouvernement démocratique et progressiste après la chute de Vichy en 1944.

De jeunes résistants préparent leurs opérations dans le maquis de Haute-Loire.

« Ami, entends-tu
Le noir vol des corbeaux
Sur nos plaines ?
Ami, entends-tu
Les cris sourds du pays
Qu'on enchaîne ?
Ohé, partisans,
Ouvriers et paysans,
À vos armes !
Ce soir l'ennemi
Connaîtra le prix du sang
Et des larmes. »

Le Chant des partisans.

LES ENFANTS DE 8 À 12 ANS *sont embrigadés dans les Balilla. Ils apprennent dans ces groupes de jeunesse l'idéologie fasciste et le maniement des armes. La diffusion d'une culture de guerre n'a pas empêché l'Italie de subir défaite sur défaite.*

LE FASCISME EN GUERRE

Mussolini exalte la guerre et la violence depuis son arrivée au pouvoir en 1922. Son discours belliqueux masque en réalité les grandes faiblesses de son armée. L'Italie attend que la France soit à terre pour lui déclarer la guerre en juin 1940. En Grèce et en Libye, les troupes de Mussolini subissent d'importants revers qui obligent Hitler à venir au secours des Italiens. L'Empire méditerranéen rêvé par le Duce s'écroule avant même d'avoir été conquis. Lorsque les Alliés débarquent en Sicile en 1943, les dignitaires fascistes préfèrent emprisonner Mussolini plutôt que de risquer une défaite écrasante. Le maréchal Badoglio forme un nouveau gouvernement.

Hitler visite le Colisée en 1938. Les nazis occupent Rome en 1943-1944.

ROME VILLE OUVERTE

Avant même la capitulation du gouvernement Badoglio le 8 septembre 1943, les Allemands ont envahi le territoire italien pour stopper l'avancée des troupes alliées. Ils occupent Rome et tout le nord de l'Italie. Les Juifs italiens sont déportés et des milliers d'ouvriers sont envoyés en Allemagne. Rome est livrée aux actions violentes des SS. Le 12 septembre, Hitler organise une opération pour sortir Mussolini de prison. À la demande des Allemands, le Duce fonde un État fantoche, la République sociale italienne, dans la région de Salo. L'Italie est coupée en deux jusqu'en 1945.

LES BALKANS DANS LA GUERRE

LA GUERRE CIVILE

L'arrivée des Alliés sur le sol italien encourage la formation de groupes de résistance. Un Comité de libération nationale est créé clandestinement au nord en Toscane. Les partisans commettent des attentats contre les fascistes et les Allemands ; ils sabotent les ponts et les chemins de fer. Le mouvement communiste "Garibaldi" et le mouvement "Justice et Liberté" sont les deux groupes les plus importants. Les nazis se vengent en exécutant 335 personnes, partisans et Juifs, lors du massacre des Fosses ardéatines à Rome en mars 1944.

Un groupe de partisans en Toscane en 1944.

Ante Pavelic est le chef des très violents Oustachi croates.

LA VIOLENCE DES OUSTACHI CROATES

En Yougoslavie, les nazis ont reçu le soutien des fascistes croates, les Oustachi, dirigés par Ante Pavelic. Les Croates profitent de la guerre pour massacrer les Serbes, l'ethnie dominante de Yougoslavie. Entre 500 000 et 750 000 Serbes sont fusillés ou tués dans des camps de concentration. La résistance aux Allemands est divisée entre le courant monarchiste de Mihailovic et les communistes rassemblés autour de Tito. Ce sont finalement les communistes qui luttent le plus efficacement contre les nazis. Ils prennent le pouvoir en 1945.

Les familles italiennes vivent dans une très grande pauvreté à la fin de la guerre.

LES RUINES DU FASCISME

À sa mort, en avril 1945, Mussolini laisse derrière lui un pays en ruine. 40 000 partisans ont été tués lors d'affrontements avec les nazis ou avec les fascistes de la République de Salo. Tout est à reconstruire dans un pays profondément divisé après plus de vingt ans de dictature fasciste.

LES PARTISANS GRECS

La Grèce est occupée par les Allemands à partir de 1941. Les partisans communistes se réfugient dans les montagnes et fondent le Front national de libération (EAM). La branche armée de ce mouvement, l'ELAS, empêche les nazis de contrôler tout le pays. Mais la résistance est divisée entre les communistes et les royalistes. En 1944, les Anglais tentent de remettre sur le trône le roi Georges II. Les communistes prennent les armes et s'emparent d'Athènes en décembre 1944. C'est le début d'une guerre civile qui va durer jusqu'en 1949.

UNE LUTTE SANS RELÂCHE

Le Japon est en guerre contre la Chine depuis 1937. Le bombardement de Pearl Harbor ouvre un second front, beaucoup plus vaste, dans le Pacifique. De 1941 à 1945, les Japonais défient sur mer et dans les airs la puissance américaine. Les États-Unis, supérieurs militairement, vont pourtant mettre quatre années pour gagner la guerre du Pacifique. Les Japonais défendent leur empire île par île. Les batailles de Guadalcanal, d'Iwo Jima et d'Okinawa font des milliers de victimes dans les rangs américains. Les kamikazes japonais coulent des dizaines de navires ennemis. Le sens du sacrifice a causé la mort de 2 millions de soldats japonais au cours de la guerre.

CES PILOTES KAMIKAZES POSENT DEVANT L'OBJECTIF *avant de partir s'écraser avec leurs avions bourrés d'explosifs sur les navires américains. Généralisées en 1944, les attaques kamikazes démoralisent les* marines *américains. En représailles, les États-Unis bombardent les villes japonaises.*

L'ASIE SOUS LE JOUG JAPONAIS

Le Japon veut dominer l'Asie et créer une "Sphère de co-prospérité asiatique". Après la Corée et la Chine, les Japonais prennent pied en Indochine, en Indonésie et dans les Philippines. Ils prétendent unir les Asiatiques contre l'influence occidentale. Les Européens et les Américains sont chassés des territoires conquis. Les peuples d'Asie ne sont toutefois pas dupes : la violence de l'occupation japonaise est partout dénoncée.

Le samouraï japonais, allié de l'Italie et de l'Allemagne, terrasse la flotte américaine (affiche de propagande japonaise).

LA SOUMISSION À L'EMPEREUR

À l'approche de la guerre, les Japonais font bloc derrière l'empereur Hirohito. Tous les partis politiques sont dissous et fusionnés dans l'Association d'assistance à l'autorité impériale. Le général Tojo est à la tête du gouvernement de 1941 à 1944.

L'empereur Hirohito, ici à cheval en 1939, détient un pouvoir d'essence divine.

Les ultranationalistes ont le soutien de l'empereur dont le pouvoir divin impressionne les Japonais. En août 1945, Hirohito parle à la radio pour la première fois et annonce la capitulation. Après la guerre, les Américains renoncent à le poursuivre en justice, bien qu'il ait soutenu les militaires.

« JE VIS DÉFILER DEVANT MOI DES OMBRES HUMAINES, SEMBLABLES À UNE PROCESSION DE FANTÔMES. CERTAINES D'ENTRE ELLES PARAISSAIENT EN PROIE À UNE DOULEUR INDICIBLE ET AVANÇAIENT LES BRAS ÉCARTÉS DU CORPS, LES AVANT-BRAS BALLANTS. CES SILHOUETTES M'INTRIGUÈRENT, JUSQU'AU MOMENT OÙ JE COMPRIS QU'ELLES APPARTENAIENT À DES GENS ATROCEMENT BRÛLÉS QUI VOULAIENT ÉVITER LA FRICTION DOULOUREUSE DE LEURS MEMBRES CONTRE LEURS FLANCS MIS À VIF. »

Le journal d'un médecin japonais après l'explosion de la bombe atomique à Hiroshima.

L'OCCUPATION DE LA CHINE

En Chine, l'occupation japonaise est combattue par deux mouvements de résistance. Les nationalistes du Kuomintang, dirigés par Tchang Kaï-chek (photo), sont soutenus par les Américains. Les communistes de Mao Zedong sont réfugiés dans les campagnes. Ces deux partis s'affrontent dans une guerre civile interrompue en 1937, mais relancée dès la libération de la Chine, en 1945.

LUTTER CONTRE LES BOMBES ET LE FEU

Les femmes japonaises sont regroupées dans des associations de défense civile. Elles apprennent à faire face aux incendies déclenchés par les bombes américaines. Les enfants et les personnes âgées sont évacués à la campagne et séparés de leurs parents pendant toute la durée de la guerre. Les habitants des villes japonaises ont beaucoup souffert des attaques alliées. Le bombardement de Tokyo, dans la nuit du 9 au 10 mars 1945, tue 120 000 personnes. Les rescapés se réfugient dans les montagnes.

LA TERREUR DES BOMBES ATOMIQUES

Les États-Unis lâchent deux bombes atomiques sur Hiroshima et Nagasaki les 6 et 9 août 1945. Le souffle et la chaleur dégagés par cette nouvelle arme tuent plus de 195 000 personnes et en irradient des milliers d'autres. Le Japon, dévasté, accepte enfin de capituler.

Les cendres d'Hiroshima après l'explosion de la bombe atomique le 6 août 1945.

UNE FAMILLE JUIVE *du ghetto de Varsovie est arrêtée. L'insurrection du ghetto, du 19 avril au 16 mai 1943, est écrasée par les SS. Les derniers survivants juifs sont tués sur place ou déportés.*

L'EXTERMINATION DES JUIFS POLONAIS

La Pologne compte la plus importante communauté juive d'Europe avec plus de 3 millions d'individus. Dès 1939, les nazis regroupent les Juifs et les enferment dans des ghettos. Lorsque la Solution finale est décrétée, les six camps d'extermination nazis sont installés en Pologne à Auschwitz-Birkenau, Belzec, Chelmno, Majdanek, Sobibor et Treblinka. Les Juifs de toute l'Europe sont déportés en train vers ces camps. Les Juifs du ghetto de Varsovie se révoltent en avril-mai 1943, mais les SS répriment sauvagement leur insurrection. Au total, 3 millions de Juifs polonais sont exterminés par les nazis, soit 90 % de la population juive présente en Pologne en 1939.

L'INVASION GERMANO-SOVIÉTIQUE

Avec la signature du pacte germano-soviétique le 23 août 1939, Hitler et Staline se sont mis d'accord pour se partager la Pologne. En septembre, l'Allemagne annexe la partie occidentale de la Pologne et crée un Gouvernement général à Varsovie, tandis que l'Armée rouge pénètre dans les régions orientales du pays. Les Polonais fuient devant la progression des chars et des soldats nazis, mais ne savent pas où aller. En partant vers l'Est, ils sont sûrs de tomber sur les soldats de l'Armée rouge. Prise entre deux feux, la Pologne est soumise à une double occupation particulièrement meurtrière.

La cavalerie polonaise part à la rencontre des divisions blindées de la Wehrmacht dans un combat perdu d'avance.

UNE LUTTE INÉGALE

La Pologne a été la première à subir la violence et la fulgurance du Blitzkrieg (la "guerre-éclair") nazi. Les chars allemands pénètrent en Pologne le 1er sept. 1939, accompagnés de 2 000 avions et de 50 divisions d'infanterie. En face, les Polonais misent essentiellement sur la cavalerie, qui fait la fierté de leur armée. Les forces en présence sont très inégales et la stratégie allemande surprend le commandement polonais. Isolée, la Pologne résiste héroïquement pendant six semaines. Au début du mois d'octobre, 200 000 soldats polonais sont morts sans avoir pu empêcher les Allemands et les Soviétiques de prendre le contrôle de tout le territoire.

LE MASSACRE DE KATYN

L'occupation de la Pologne orientale par les Soviétiques entre 1939 et 1940 a été très violente. Le 13 avril 1943, les Allemands annoncent qu'ils ont découvert dans la forêt de Katyn des charniers contenant plus de 4 000 cadavres. Ces corps sont ceux d'officiers de l'armée polonaise exécutés à la fin de l'hiver 1940, lorsque l'Armée rouge occupait cette région, par la police de sécurité soviétique (NKVD).

Cette affiche allemande dénonce le massacre de Katyn et tente de faire oublier les crimes de la Wehrmacht.

LES CRIMES DE L'OCCUPATION NAZIE

Les nazis expulsent les Polonais des territoires annexés au Reich. Himmler est en charge de la "germanisation" de la Pologne : l'usage de la langue polonaise est interdit (on voit ici un nom de rue polonais surmonté de sa traduction en allemand), les universités sont fermées. Dans le Gouvernement général, le gouverneur nazi Hans Frank dirige une répression aveugle et sans limite.

LA RÉSISTANCE POLONAISE

Des mouvements de résistance s'organisent dès 1939 contre les occupations allemande et soviétique. En 1941, le passage de l'URSS dans le camp des Alliés favorise l'émergence d'une résistance communiste. Les tensions sont fortes entre les résistants fidèles au gouvernement en exil et les communistes. L'Armée de l'intérieur, soutenue par Londres, déclenche l'insurrection de Varsovie en août 1944 pour essayer de libérer elle-même la capitale. La passivité de Staline entraîne la mort de 200 000 Polonais.

L'insurrection de Varsovie, en août-septembre 1944, est cruellement réprimée par les Allemands.

LE GOUVERNEMENT EN EXIL

Le général Sikorski est à la tête du gouvernement polonais en exil à Londres. Avec le soutien de Churchill, il fonde l'Armée polonaise de l'intérieur. Cette armée organise des sabotages et délivre des renseignements aux Anglais sur les camps et les armements nazis.

LES EMPIRES MOBILISÉS

La guerre oppose des pays qui ont déjà un empire (la Grande-Bretagne, la France) à des pays qui veulent en conquérir un (l'Allemagne, l'Italie, le Japon). En 1940, certains Français pensent qu'il faut continuer le combat contre le nazisme à partir des colonies. En 1943, de Gaulle s'installe à Alger et prépare la reconquête de la France. Des Sénégalais, des Algériens, des Marocains s'engagent dans les Forces françaises libres, sous le commandement du maréchal Leclerc. Les Britanniques peuvent compter sur le soutien d'un empire couvrant près du quart de la surface terrestre. Ces possessions fournissent aux Alliés des hommes et des matières premières.

CES TIRAILLEURS SÉNÉGALAIS *combattent dans les rangs des Forces françaises libres. Les soldats coloniaux avaient déjà été mobilisés pour la défense de la France lors de la guerre de 1914-1918. Aux yeux du général de Gaulle, l'Empire est "le refuge de notre honneur et de notre indépendance".*

LA LIBÉRATION DE L'EUROPE

Des milliers de soldats africains ont participé aux débarquements de Sicile en 1943 et de Provence en 1944. Les troupes du général de Lattre de Tassigny sont aux côtés des Alliés lors de la libération de Toulon et de Marseille du 23 au 29 août 1944. L'honneur de la France est sauvé grâce aux peuples colonisés. En échange des sacrifices consentis, ceux-ci attendent de la France qu'elle leur accorde plus d'autonomie.

Les tirailleurs marocains défilent à Rome lors de la libération de la ville en juin 1944.

LA FRANCE LIBRE ET L'EMPIRE

Lors de la conférence de Brazzaville, tenue du 30 janvier au 8 février 1944, de Gaulle prononce un discours dans lequel il promet aux peuples colonisés de les faire participer à "la gestion de leurs propres affaires". Il exclut cependant toute forme d'autonomie.

De Gaulle et Henri Giraud (à gauche), son rival à Alger, passant les troupes françaises d'Afrique du Nord en revue en 1943.

ÉMEUTES EN ALGÉRIE

Le 8 mai 1945, le jour de la capitulation allemande, des émeutes violentes éclatent à Sétif, en Algérie. Depuis la conquête de l'Algérie en 1830, la France a constamment refusé d'accorder aux Algériens l'égalité civile et le droit de vote. Le grand nombre d'Algériens morts pour la France pendant la guerre et les difficultés économiques ont attisé les rancœurs de la population colonisée. Une centaine de Français sont tués. La répression des autorités d'Alger est disproportionnée. Plus de 10 000 Algériens sont exécutés.

Le général Martin assiste à la reddition des Algériens après les émeutes de Sétif (Kabylie), le 8 mai 1945.

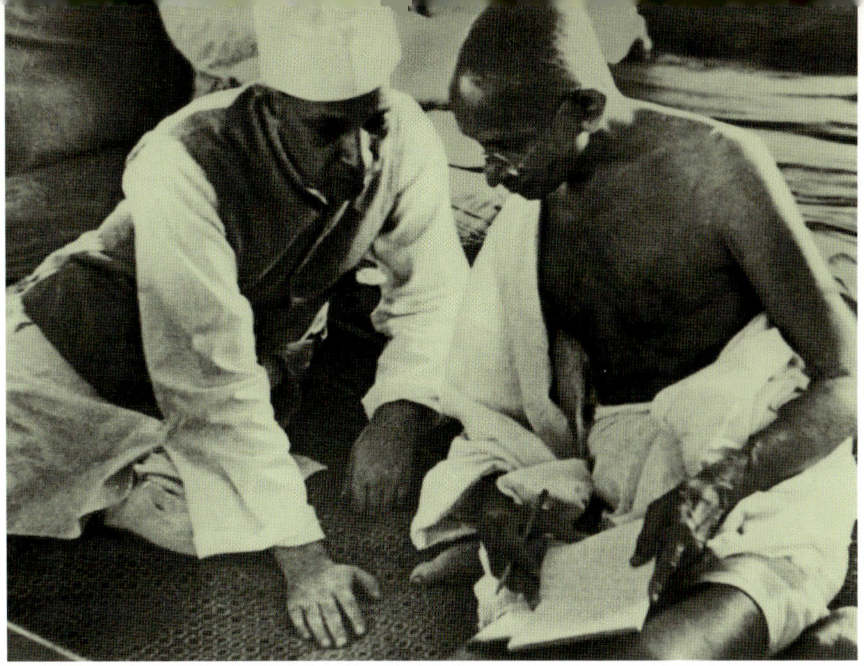

Nehru et Gandhi, les deux chefs du mouvement indépendantiste indien, demandent aux Anglais de quitter l'Inde à partir de 1942.

L'INDOCHINE
En mars 1944, les Japonais prennent le contrôle de l'Indochine alors gouvernée par Vichy. Ils exécutent de nombreux officiers et soldats, montrant aux Indochinois la faiblesse de la France. Hô Chi Minh (ci-dessus) espère négocier l'indépendance après la défaite japonaise. Mais la marine française bombarde Haiphong. La guerre d'Indochine est inévitable.

GANDHI RÉCLAME LE DÉPART DES ANGLAIS

En Inde, le joyau de l'Empire britannique, le parti du Congrès de Gandhi et Nehru veut l'indépendance. Avant la guerre, Londres refuse toute modification constitutionnelle. Les victoires japonaises dans le Pacifique obligent toutefois les Anglais à revoir leur position. Le travailliste Cripps rédige un plan qui prévoit d'accorder à l'Inde le statut de dominion. Gandhi rejette ce compromis. En juillet 1942, le parti du Congrès vote une résolution ("Quit India !") qui réclame le départ immédiat des Anglais et affirme la nécessité de la lutte contre le nazisme et le militarisme japonais. Les Anglais réagissent durement en faisant arrêter Gandhi, Nehru et leurs partisans.

> "Quittez l'Inde ! Partez, nous en avons assez de vos faux-fuyants et de vos ambiguïtés. Laissez notre pays libre et nous le défendrons, comme les Chinois, les Russes, les Britanniques ont défendu les leurs. La liberté de l'Inde sera immédiatement le symbole et le commencement de la libération de tous les autres peuples d'Asie."
>
> *Résolution Quit India, août 1942.*

LES PROCÈS
Justice et mémoire

PROCÈS DE NUREMBERG ET DE TOKYO

Après la victoire vient le temps de la justice. Les Alliés jugent et condamnent les responsables des horreurs de la guerre. Hitler est mort dans les ruines de son bunker le 30 avril 1945. Goebbels s'est suicidé avec sa femme et ses enfants. Peu de jours auparavant, Mussolini a été pendu par la foule à Milan. Les plus hauts responsables sont morts avant d'avoir été jugés. Pour les autres, un tribunal international se réunit dans la ville allemande de Nuremberg de novembre 1945 à octobre 1946.
24 dirigeants nazis sont poursuivis pour crimes contre la paix, crimes de guerre et crimes contre l'humanité. 12 sont condamnés à mort et 10 sont pendus (Goering s'est suicidé avant son exécution, Bormann est en fuite).
Le procès de Nuremberg est le symbole de la culpabilité nazie. Un second tribunal international se réunit pour juger les chefs japonais. Le procès de Tokyo (1946-1948) condamne le général Tojo à la peine capitale.

ÉPURATIONS

Les pays occupés par les nazis jugent après la guerre ceux qui ont collaboré. En France, l'épuration est d'abord sauvage : les "collabos" sont exécutés sans procès.
Très vite, des cours de justice sont créées pour juger les dirigeants de Vichy et les auteurs de crime. Le maréchal Pétain est condamné à mort. Comme il est âgé, on transforme sa peine en prison à perpétuité.
Laval est aussi condamné à mort, ainsi que des écrivains collaborateurs comme Brasillach.
Des milliers d'individus sont frappés d'une peine d'indignité nationale : on leur retire leurs droits civiques pour les punir de leurs actes.

Des femmes accusées d'avoir fréquenté les nazis sont tondues et durement humiliées par la foule.

Le procès de Pétain devant la Haute Cour en 1945.

Goering, Hess, von Ribbentrop, Keitel et Kaltenbrunner lors du procès de Nuremberg, le 1er janvier 1946.

Adolf Eichmann est jugé et condamné à mort à Jérusalem, en 1961.

JUGER LES RESPONSABLES

L'extermination du peuple juif est le premier génocide reconnu de l'histoire. Il y a génocide quand tous les membres d'un groupe (les Juifs) sont exterminés pour la seule raison qu'ils appartiennent à ce groupe. Les hommes et les femmes, les enfants et les vieux sont tous pris pour cibles. En 1945, les Alliés ont décidé que ce crime contre l'humanité devait être puni quel que soit le temps écoulé depuis la guerre.

Maurice Papon est jugé par la cour d'assises de Bordeaux en 1998.

En 1961, Israël a arrêté et condamné à mort Eichmann, responsable pendant la guerre de la déportation des Juifs d'Europe.
En France, des hommes responsables du génocide juif ont été arrêtés après avoir longtemps échappé à la justice.
Klaus Barbie à la fin des années 1980, Paul Touvier puis Maurice Papon, en 1998, ont été condamnés pour les crimes et les fautes qu'ils ont commis sous l'Occupation.

Le procès du nazi Klaus Barbie se déroule à Lyon en 1987.

SE SOUVENIR DE LA SHOAH

Les procès sont nécessaires pour que les coupables ne restent pas impunis. Se souvenir de la Shoah est aussi très important : chacun doit avoir conscience des crimes dont les hommes ont été capables au XXe siècle. Après l'extermination du peuple juif, l'humanité ne sera plus jamais la même. Il est difficile pour ceux qui n'ont pas vécu cette époque de comprendre l'horreur de la Shoah. Des rescapés témoignent de ce qu'ils ont vu (Primo Levi, Simone Veil). Le film documentaire Shoah ***de Claude Lanzmann est un bouleversant recueil de la parole des témoins. Le souvenir est rendu possible par les récits, les films, les musées, et les livres d'histoire.***

LE BILAN
l'espoir

UNE CATASTROPHE MONDIALE

La Seconde Guerre mondiale est une catastrophe sans précédent dans l'histoire humaine. Elle a fait 50 millions de morts (la Première Guerre mondiale avait causé la mort de dix millions de personnes). Six millions de Juifs sont morts dans les camps ou fusillés. 220 000 Tziganes ont été victimes du génocide.
En 1945, des millions de personnes errent à travers l'Europe : des Juifs rescapés des camps, des prisonniers de guerre libérés, des populations déplacées de force lors des combats.
La Pologne, l'Allemagne, l'URSS sont dévastées. Dans tous les pays, les villes sont détruites, les routes coupées.
La nourriture manque. L'Europe sort bouleversée de la guerre.
Le Japon est sous le choc des deux bombes atomiques d'Hiroshima et de Nagasaki. L'Asie est encore marquée par l'occupation japonaise.
Les pays les plus civilisés ont mené la guerre la plus barbare de l'histoire.

Allemagne, année zéro, ***de Roberto Rossellini (1947), montre que le peuple allemand doit désormais dépasser les 12 années terribles de nazisme et repartir à zéro.***

UN MONDE MEILLEUR ?

Tout le monde souhaite éviter le retour d'une telle catastrophe. L'ONU (Organisation des Nations unies) est créée en juin 1945. Elle a pour but de régler pacifiquement les conflits entre États. Les Alliés retiennent la leçon du traité de Versailles de 1919. Ils ne cherchent pas à humilier les pays vaincus. L'occupation de l'Allemagne (par les Américains, les Anglais, les Français et les Russes) et du Japon (par les Américains seuls) est prévue pour y installer la démocratie. Les nazis et les militaires japonais sont arrêtés et jugés. De nouveaux hommes politiques accèdent au pouvoir. Dans tous les pays, l'heure est à la reconstruction.
En France et en Italie, la république est proclamée. La Libération s'accompagne de grands progrès politiques (les femmes obtiennent le droit de vote en France en 1945) et sociaux (la Sécurité sociale).

Affiche en faveur des Nations unies "combattant pour la liberté".

LA FIN DES EMPIRES

L'Allemagne et le Japon ont fait la guerre pour conquérir des empires. En 1945, posséder des colonies n'a plus le même sens. L'Empire britannique et l'Empire français en subissent les conséquences. Les États-Unis et l'URSS condamnent le colonialisme. Les peuples colonisés d'Afrique et d'Asie réclament leur indépendance.
Des Algériens, des Marocains, des Sénégalais et tant d'autres ont accepté d'aider la France. Beaucoup en sont morts. Les survivants espèrent une récompense.
L'Inde est la première à obtenir son indépendance en 1947. Gandhi et Nehru ont soulevé la population contre les colons britanniques. L'Indonésie se libère de la domination hollandaise en 1949. La France, elle, se crispe et refuse d'accorder à ses colonies les droits qu'elles demandent. La guerre d'Indochine commence dès 1946 et ne se terminera qu'en 1954. De nombreuses émeutes éclatent en Algérie dès 1945.

La chute du mur de Berlin, en 1989, met fin à la domination soviétique sur les pays de l'est de l'Europe et éloigne la menace d'une guerre atomique.

DE LA GUERRE CHAUDE À LA GUERRE FROIDE

L'espoir d'un monde meilleur disparaît malheureusement très vite. Les vainqueurs de 1945 se fâchent à propos de l'occupation de l'Allemagne et de la libération de l'Europe. L'URSS de Staline installe par la force des dirigeants communistes dans les pays d'Europe de l'Est. Le conflit entre les États-Unis et l'URSS s'envenime. L'Europe est coupée en deux en 1947. L'Ouest est fidèle aux États-Unis, l'Est à l'URSS. Deux blocs se font face de part et d'autre du "rideau de fer". C'est le début de la guerre froide.

En 1947, la marine britannique cherche à empêcher le navire **Exodus,** ***chargé de 4 500 émigrants juifs, d'atteindre les côtes palestiniennes. Après la guerre, des milliers de Juifs rescapés des camps espèrent s'installer en Palestine, alors sous mandat britannique. Mais les Anglais s'y opposent, craignant de briser le fragile équilibre entre Juifs et Arabes.***

« NOUS, PEUPLES DES NATIONS UNIES, RÉSOLUS À PRÉSERVER LES GÉNÉRATIONS FUTURES DU FLÉAU DE LA GUERRE QUI, DEUX FOIS EN L'ESPACE D'UNE VIE HUMAINE, A INFLIGÉ À L'HUMANITÉ D'INDICIBLES SOUFFRANCES... »

Préambule de la Charte des Nations unies.

L'EUROPE EN GUERRE

Narvik
FINLANDE
U.R.S.S.
Leningrad
UÈDE
Moscou
Dantzig
Minsk
Stalingrad
Koursk
erlin
POLOGNE
Kiev
GNE
Vienne
HONGRIE
ROUMANIE
CAUCASE
Belgrade
YOUGOSLAVIE
BULGARIE
ome
Mont
Cassin
IRAN
TURQUIE
GRÈCE
Athènes
SYRIE
IRAQ
PALESTINE
TRANSJORDANIE
Tripoli
Tobrouk
CYRÉNAÏQUE
El-Alamein
LIBYE
ÉGYPTE

INDEX

A
Afrikakorps, **34**
Afrique du Nord *(débarquement)*, **47**
Albanie *(invasion de)*, **24**
Algérie, **98**
Allemagne, **76**, **77**
Angleterre *(bataille d')*, **30**
Anschluss, **23**
Antisémitisme, **41**, **80**
Antonescu *(Ion)*, **69**
Aragon *(Louis)*, **80**
Ardennes, **26**
Armistice, **28**
Art dégénéré, **79**
Athènes *(libération d')*, **55**
Atlantique *(bataille de l')*, **30**
Atlantique *(charte de l')*, **35**
Aubrac *(Lucie et Raymond)*, **90**
Auschwitz-Birkenau, **44**, **45**, **55**, **56**
Autriche *(annexion de l')*, **23**
Aviation, **32**, **33**
Axe Rome-Berlin, **21**

B
B-17, **33**
Balilla, **92**
Balkans, **93**
Barbarossa *(opération)*, **35**
Barbie *(Klaus)*, **101**
Beaune *(camp de)*, **89**
Belgique *(libération de)*, **54**
Belgrade *(libération de)*, **55**
Belzec *(camp de)*, **44**
Benes *(Edvard)*, **65**
Berlin *(capitulation de)*, **60**
Bloch *(Marc)*, **91**
Brazzaville *(conférence de)*, **99**
Brecht *(Bertolt)*, **79**
Breker *(Arno)*, **79**
Brossolette *(Pierre)*, **91**
Budapest *(libération de)*, **58**

C
Camps de concentration, **42**, **43**
Camps d'extermination, **42**, **44**
Capitulation allemande, **60**
Casanova *(Danielle)*, **90**
Caucase, **39**
Chaplin *(Charlie)*, **81**
Chelmno *(camp de)*, **44**
Churchill, **27**, **61**, **64**
Collaboration, **31**, **39**, **89**
Colmar *(libération de)*, **57**
Colonies, **98**
Cristal *(nuit de)*, **23**
Croix-Rouge, **73**

D
Danemark *(invasion du)*, **26**
Débarquement, **52**
Déclaration de guerre, **25**
Degrelle *(Léon)*, **69**
Déportation, **42**
Dietrich *(Marlene)*, **80**
Doriot *(Jacques)*, **69**
Drancy *(camp de)*, **89**
Dresde *(bombardement de)*, **58**
Dunkerque *(évacuation de)*, **27**

E
Égypte, **29**
Eichmann *(Adolf)*, **42**, **101**
Einsatzgruppen, **41**
Einstein *(Albert)*, **85**
Eisenhower *(Dwight David)*, **71**
Eisenstein *(Sergueï)*, **79**
El-Alamein, **46**
État Français, **88**, **89**
États-Unis, **84**
Éthiopie *(invasion de l')*, **20**
Exode, **27**
Exodus, **103**

F
Fascisme, **10**
Finlande, **25**
France libre, **28**
Franco *(Francisco)*, **73**
Franco *(putsch de)*, **13**, **21**
Frank *(Anne)*, **45**
Frente Popular, **13**
Front populaire, **13**, **21**
Furtwängler *(Wilhelm)*, **76**
Fusées V1, **33**
Fusées V2, **33**

G
Gandhi *(Mohandas)*, **99**
Gaulle *(Charles de)*, **28**, **65**, **90**
Génocide, **45**
Gestapo, **19**
Goebbels *(Joseph)*, **60**, **67**
Goering *(Hermann)*, **67**
Goulag, **87**
Grande-Bretagne, **82**, **83**
Grèce, **31**, **34**
Guadalcanal, **46**, **48**
Guernica, **22**
Guerre froide, **103**
Guillaume II, **10**

H
Heydrich *(Reinhard)*, **42**
Himmler *(Heinrich)*, **66**
Hindenburg *(Paul von)*, **16**
Hirohito, **95**
Hiroshima, **61**
Hitler *(Adolf)*, **11**, **12**, **16**, **17**, **31**, **60**, **66**, **78**
Hô Chi Minh, **99**
Hongrie *(invasion de)*, **50**
Horthy *(Miklós)*, **69**

I
Inde, **99**
Indochine, **59**, **99**
Italie, **27**, **92**
Iwo Jima, **58**
Izieu *(enfants d')*, **90**

J
Japon, **31**, **61**, **94**, **95**
Jeunesses hitlériennes, **77**
Joukov, **70**
Juifs *(statut des)*, **35**

K
Kamikaze, **51**, **94**
Kandinsky *(Vassily)*, **79**
Katyn *(massacre de)*, **97**
Koufra *(victoire de)*, **34**
Koursk *(bataille de)*, **49**
Krach de 1929, **11**

L
Lanzmann *(Claude)*, **101**
Laval *(Pierre)*, **31, 39, 68**
Leclerc *(Philippe de Hauteclocque, dit)*, **71**
Lénine *(Vladimir Ilitch)*, **10**
Leningrad, **36**
Léopold III, **65**
Levi *(Primo)*, **45, 101**
Libye, **29**
Londres *(bombardement de)*, **30**
Longs couteaux *(nuit des)*, **17**
Lubitsch *(Ernst)*, **81**

M
MacArthur *(Douglas)*, **71**
Maginot, **26**
Mahler *(Gustav)*, **79**
Majdanek *(camp de)*, **44**
Manille *(chute de)*, **57**
Maroc, **98**
Marshall *(îles)*, **50**
Mein Kampf, **18**
Mers el-Kébir, **29**
Midway, **38**
Milice, **88**
Mont Cassin *(victoire du)*, **51**
Montgomery *(Bernard)*, **70**
Montoire, **31**
Moscou *(bataille de)*, **36, 37**
Moulin *(Jean)*, **65, 90, 91**
Munich *(conférence de)*, **23**
Mur *(chute du)*, **103**
Mussolini *(Benito)*, **10, 49, 60, 67, 78**

N
Nagasaki, **61**
Nankin *(massacres de)*, **22**
Narvik, **26**
Nazisme, **18, 19**
Nehru *(Jawaharlal)*, **99**
Nimitz *(William)*, **71**
Norvège *(invasion de la)*, **26**
Nuit et Brouillard *(décret)*, **37**
Nuremberg *(lois de)*, **20**
Nuremberg *(procès de)*, **100**

O - P
Okinawa *(bataille d')*, **59**
Organisation des Nations unies, **102**
Pacifique, **38**
Pacte Germano-Soviétique, **24**
Papon *(Maurice)*, **101**
Paris *(libération de)*, **54**
Patton *(George)*, **70**
Paulus *(Friedrich)*, **72**
Pavelic *(Ante)*, **93**
Pays-Bas *(libération de)*, **54**
Pearl Harbor, **36**
Pétain *(Philippe)*, **28, 29, 31, 68, 100**
Picasso *(Pablo)*, **79**
Pie XII, **73**
Pithiviers, **89**
Pologne, **96, 97**
Pologne *(invasion de la)*, **24**
Pologne *(partage de la)*, **25**
Prêt-bail *(loi du)*, **34**
Propagande, **78, 79, 80, 81**
Provence *(débarquement)*, **53**

Q - R
Quisling *(Vidkun)*, **68**
Reichstag *(incendie du)*, **16**
Résistance, **28, 90, 91**
Rhénanie *(occupation de la)*, **21**
Riefenstahl *(Leni)*, **79**
Rome *(libération de)*, **51**
Rommel *(Erwin)*, **34, 72**
Roosevelt *(Franklin Delano)*, **37, 59, 64**
Royal Air Force, **32, 83**
Royal Navy, **83**

S
Salazar *(Antonio)*, **73**
Scholl *(Hans et Sophie)*, **77**
Section d'assaut, **19**
Sénégal, **98**

Service du travail obligatoire, **89**
Sétif *(émeutes de)*, **99**
Seyss Inquart *(Arthur)*, **69**
Shoah, **40, 41, 42, 43, 44, 45, 101**
Sobibor *(camp de)*, **44**
Société des Nations, **16**
Solution finale, **38, 42**
SS, **19**
Staline *(Joseph)*, **64**
Stalingrad *(bataille de)*, **46**
Stalingrad *(victoire de)*, **48**
Strasbourg *(libération de)*, **55**
Stukas, **32**

T
Tchang Kaï-chek, **95**
Tchécoslovaquie *(annexion de)*, **24**
Téhéran *(conférence de)*, **49**
Theresienstadt *(camp de)*, **44**
Tito *(Josip Broz, dit)*, **65**
Tobrouk, **34**
Tojo, **67**
Tokyo *(procès de)*, **59, 100**
Touvier *(Paul)*, **101**
Treblinka *(camp de)*, **44**
Tripoli, **34**
Truman *(Harry)*, **64**

U - V
URSS, **86, 87**
URSS *(libération de)*, **35, 50**
US Air Force, **33**
Varsovie *(ghetto de)*, **48, 96**
Varsovie *(insurrection de)*, **53**
Veil *(Simone)*, **101**
Vélodrome d'Hiver *(rafle du)*, **39**
Vercors *(Jean Bruller, dit)*, **80**
Versailles *(traité de)*, **10**
Vichy, **29, 31, 88, 89**

W
Wannsee *(conférence de)*, **42**
Wehrmacht, **72**
Weimar *(république de)*, **10**
Wilhelmine de Hollande, **65**

Y
Yalta *(conférence de)*, **57**
Yamamoto *(Isoroku)*, **72**
Yougoslavie, **34**

Z
Zone libre *(occupation de la)*, **47**

CREDITS PHOTOGRAPHIQUES

1ère de couverture et 4ème de couverture © E. khaldeï / Agence Ria-Novosti | **Dos de couverture** reprise page 65 ht m - Ph. Jeanbor © Archives Larbor | **8** © Dite / P.P.P. | **10 ht g** Imperial War Museum, Londres - Ph. Eileen Tweedy © Archives Larbor | **10 m g** Ph. Michel Didier © Archives Larbor © Adagp, Paris 2005 | **10 m d** Ph. Coll. Archives Larbor | **10 bas g** Ph. Jeanbor © Archives Larbor | **10 bas d** Ph. © Archives Larbor | **11 ht** Ph. Meurisse - Coll. Archives Larousse | **11 m d** Ph. Coll. Archives Larousse | **11 bas** Ph. Rol - Coll. Archives Larousse **12 ht** Ph. International Instituut voor Sociale Geschiednis, Amsterdam © Archives Larbor | **12 m d** Ph. Coll. Archives Larousse - DR | **12 bas** Ph. Coll. Archives Larousse | **13 ht** Museo nacional Centro de Arte Reina Sofia, Madrid - Ph. © Archives Larbor © Succession Picasso 2005 | **13 bas g** Ph. Coll. Archives Larousse | **13 bas d** Bibliothèque nationale de France, Paris - Ph. Coll. Archives Larousse | **14** © Bettmann / Corbis | **16 ht** © Hulton Deutsch Collection / Corbis | **16 m** © AKG | **16 bas** Ph. © Archives Larbor | **17** Bundesarchiv Coblenz - Ph. Coll. Archives Larousse **18 m g** © Axel Koester / Corbis Sygma | **18 m d** © Keystone | **18 et 19 bas d** © Hugo Jaeger / Timepix / Time Life Pictures / Getty Images | **19 ht** Ph. Coll. Archives Larbor | **20 ht** © Keystone **20 bas** © Bettmann / Corbis | **21 ht g** Ph. Coll. Archives Larousse - DR | **21 ht d** Ph. Jeanbor © Archives Larbor | **21 m** © David Seymour / Magnum Photos | **21 bas** © Ullstein - Ullstein Bild / AKG | **22** © Bettmann / Corbis | **23 ht** Ph. Jeanbor © Archives Larbor | **23 m** © Bettmann / Corbis | **23 bas** © Hans Asemissen / AKG / T | **24 ht** © AKG | **24 m** Ph. Eileen Tweedy © Archives Larbor - DR | **24 bas** Bundesarchiv Coblenz - Ph. Coll. Archives Larousse | **25 ht** Bibliothèque nationale de France, Paris - Ph. Coll. Archives Larbor | **25 m** © Keystone **25 bas** Ph. Coll. Archives Larousse | **26 ht** Ph. Signal - Coll. Archives Larousse | **26 m** © Private Collection, Archives Charmet / Bridgeman - Giraudon | **26 bas** © AKG | **27 ht** © Bettmann / Corbis | **27 m** Ph. Coll. Archives Larousse | **27 bas** Ph. Signal - Coll. Archives Larbor | **28 m** Ph. Coll. Archives Larbor | **28 bas** © Keystone | **29 ht** Ph. Coll. Archives Larousse **29 m** Collection particulière - Ph. Michel Didier © Archives Larbor - DR | **29 bas** © AKG | **30 ht** © AKG | **30 bas** © Leone / Ullstein / AKG | **31 ht** Musée des Deux Guerres Mondiales, BDIC (Université de Paris) - Ph. Jeanbor © Archives Larbor | **31 m** Ph. Coll. Archives Larbor | **31 bas** Ph. Coll. Archives Larousse | **32 m** Ph. Coll. Archives Larousse | **33 m g** © Bettmann / Corbis **33 ht d** Ph. Coll. Archives Larbor | **33 bas** © Bettmann / Corbis | **34 ht** © Keystone | **34 bas** Ph. Coll. Archives Larousse | **35 m** © Hulton-Deutsch Collection / Corbis | **35 bas** © Keystone / T **36 ht** © AKG | **37 ht** Ph. F.N.D.I.R.P. | **37 m** © Hulton-Deutsch Collection / Corbis | **37 bas** Ph. © Archives Larbor | **38 ht** Ph. Coll. Archives Larousse | **38 bas** © Corbis | **39 ht** Ph. Safara - Coll. Archives Larbor | **39 m** Ph. Signal - Coll. Archives Larbor | **40 ht d** © Keystone | **40 m g** Muelheim an Der Ruhr, Städtisches Museum © AKG © Adagp, Paris 2005 **40 bas m** Ph. © Safara, Coll. Archives Larbor | **41 ht** Ph. Coll. Archives Larousse - DR | **41 m d** © Keystone | **41 bas** © Ullstein - Ullstein Bild / AKG | **42 ht** © Michael Teller / AKG | **42 bas g** © Keystone | **43 ht g** © Corbis | **43 ht d** © Rue des Archives | **43 bas** © Corbis | **44 ht d** Ph. © Musée d'Auschwitz - Archives Larbor | **44 bas g** © Keystone | **45 ht d** © Hamburger Kunsthalle, Hamburg, Germany / Bridgeman - Giraudon © Adagp, Paris 2005 | **45 bas** © Ullstein - Ullstein Bild / AKG | **46 ht** © Corbis | **46 m** Bundesarchiv Coblenz - Ph. Coll. Archives Larousse **46 bas** © Corbis | **47 ht** © DITE / USIS | **47 m** © Phot. André Zucca / BHVP | **47 bas** Ph. U.S. Army / Coll. Archives Larousse | **48 ht** Ph. Coll. Archives Larousse - DR | **48 bas** © Corbis **49 ht** Ph. Coll. Archives Larousse | **49 m** © Ullstein Bild / AKG | **50 ht** © AKG | **50 bas** © AKG | **51 ht** © Keystone | **51 m** © Costa / Leemage | **51 bas** © Hulton-Deutsch Collection / Corbis **52 ht g** Ph. Royal Canadian Army Coll. Archives Larbor | **52 ht d** © Selva / Leemage | **53 ht** © Photo12.com - Bertelsmann Lexikon Verlag | **53 m** © AKG | **53 bas** © Keystone **54 ht** © Collection Roger-Viollet | **54 m** © Hulton-Deutsch Collection / Corbis | **54 bas** Ph. Coll. Archives Larousse © Adagp, Paris 2005 | **55 ht g** © Yevgeny Khaldei / Corbis **55 ht d** Ph. Coll. Archives Larousse | **55 m** © AKG | **55 bas** © ND / Roger-Viollet | **56 ht** Ph. Coll. Archives Larbor | **56 bas** © Coll. Mémorial de Caen / T | **57 ht** Ph. U.S. Army - Coll. Archives Larousse | **57 m** © Archives Larbor | **57 bas** © Bettmann / Corbis | **58 ht g** © AKG | **58 m d** Musée des deux guerres mondiales, BDIC, Université de Paris - Ph. Coll. Archives Larbor **59 m** © MP / Leemage | **59 bas** © Bettmann / Corbis | **60 ht** © Corbis | **60 bas** Ph. © Imperial War Museum Coll. Archives Larousse | **61 ht** Ph. U.S. AirForce - Coll. Archives Larousse **61 bas** © Keystone | **62** © Keystone | **64** © DITE / USIS | **65 ht d** © Keystone | **65 bas** Ph. Coll. Archives Larbor | **66 et 67** © Keystone | **67 ht m** © Keystone | **67 m hd** © Keystone **67 m bg** © Keystone | **67 m bd** © Hulton-Deutsch Collection / Corbis | **68** et **69** © Keystone | **69 ht g** © AKG | **69 ht** m © Keystone | **69 bas g** © AKG | **70 ht g** Imperial War Museum - Ph. E. Tweedy © Archives Larbor | **70 ht d** © Keystone | **70 bas** © Bettmann / Corbis | **71 ht** © Keystone | **71 m** © Bettmann / Corbis | **71 bas** Ph. US Army - Coll. Archives larbor **72 ht g** © AKG | **72 ht d** © Keystone | **72 bas** © AKG | **73 ht g** © Bettmann / Corbis | **73 m d** © Keystone | **74** © Keystone | **76 ht** Bibliothek für Zeitgeschichte, Stuttgart - Ph. Coll. Archives Larousse | **76 m d** Ph. Jean-Loup Charmet © Archives Larbor | **76 bas g** © Collection Roger-Viollet | **77 ht g** © AKG | **77 bas g** © Keystone | **77 bas d** © Ph. A.P.N. / Novosti | **78 m g** © Corbis **78 et 79** © Farabola / Leemage | **79 ht d** © Marco / AKG | **79 m d** © Bettmann / Corbis | **80 m g** Ph. © Archives Larbor | **80 m d** Ph. Coll. Archives Larbor | **80 bas g** © Hulton-Deutsch Collection / Corbis | **81 ht** Ph. © Coll. Mémorial de Caen / T | **81 m** © Underwood & Underwood / Corbis | **82 ht** © Corbis | **83 ht g** © Keystone | **83 ht** d Imperial War Museum, Londres - Ph. © du Musée - Coll. Archives Larbor | **83 m** Ph. Coll. Archives Larousse - DR | **83 bas** Ph. Jeanbor © Archives Larbor | **84 ht** © Keystone | **84 bas** Ph. Coll. Archives Nathan **85 ht** © Bettmann / Corbis | **85 m g** © Bettmann / Corbis | **85 bas m** © Bettmann / Corbis | **85 bas d** Ph. Coll. Archives Larbor | **86 ht** © MP / Leemage | **86 bas** Musée Royal de l'Armée et d'Histoire militaire, Bruxelles - Ph. © du Musée / T | **87 m g** © AKG | **87 bas d** © Keystone | **87 m m** Ph. © Coll. Mémorial de Caen / T | **88 ht g** Musée des Deux Guerres Mondiales, BDIC (Université de Paris) - Ph. Coll. Archives Larousse | **88 m** Ph. Michel Didier © Archives Larbor / D. R. | **88 et 89 m** © LAPI / Roger-Viollet | **88 bas g** Musée des Deux Guerres Mondiales, BDIC (Université de Paris) - Ph. Jeanbor © Archives Larbor | **89 ht d** Ph. © Archives Larbor | **89 bas d** © Keystone | **90 m d** © Keystone | **90 bas g** Ph. © Keystone | **90 bas d** © Alain Nogues / Corbis Sygma | **91 ht** Ph. © Archives Larbor | **91 bas** © Keystone | **92 ht** © Keystone | **92 bas** © AKG | **93 ht g** © MP / Leemage | **93 ht d** © Lapi / Roger-Viollet | **93 m g** © Bettmann / Corbis **94 ht** © Keystone | **94 bas** Ph. Jeanbor © Archives Larbor | **95 ht g** © Keystone | **95 m** © Hulton Getty / T | **95 bas** © AKG | **96 ht** © Collection Roger-Viollet | **97 ht g** © Bettmann / Corbis **97 m** © AKG | **97 m d** © Ullstein Bild / AKG | **97 bas g** Ph. © Coll. Mémorial de Caen / T | **98 ht** © Harlingue / Roger-Viollet | **98 bas d** © Rue des Archives | **99 ht g** © Keystone | **99 ht d** © Bettmann / Corbis | **99 m** © Bettmann / Corbis | **99 bas g** © RDA / Rue des Archives | **100 ht d** © Musée de la Résistance de Besançon / Keystone | **100 m d** © Bettmann / Corbis | **100 bas** © Bettmann / Corbis | **101 ht g** © Bettmann / Corbis | **101 ht d** Coll. Christophe L | **101 m** © Julien Hekimian / Corbis Sygma | **101 bas** © JES / AA France / Pool / Reuters | **102 et 103 ht m** Ph. US Navy Coll. Archives Larousse | **102 bas g** Prod DB © DR | **102 bas d** Musée d'Histoire contemporaine, BDIC, Université de Paris - Ph. Michel Didier © Archives Larbor | **103 ht d** © Witt / Sipa | **103 bas** Prod DB © DR